xueer

学而书坊 —— 学而时习之 不亦说乎

Questioning for Classroom Discussion:
Purposeful Speaking, Engaged Listening, Deep Thinking

Jackie Acree Walsh, Beth Dankert Sattes

优质提问助讨论
能言、善听和乐思

[美] 杰姬·阿克里·沃尔什
[美] 贝丝·丹克特·萨特斯 著

朱秋禹 潘迪妮 译

刘徽 崔可心 校

致谢
Acknowledgements

无数人为本书提供了灵感、鼓励和支持，使得我们能够开展并完成这个项目。

督导与课程开发协会（Association for Supervision and Curriculum Development，简称 ASCD）策划编辑艾莉森·斯科特（Allison Scott）自始至终鼓励着我们。艾莉森想要一本能够提供实用的方法来培养学生讨论技能的书。当我们构建本书框架时，她提出了有思想的问题，对初稿提供的反馈也很有帮助。她为本书提供了明智的建议，而且始终非常耐心和善解人意。

克里斯蒂娜·索利斯（Cristina Solis）是一位热情而坚定的从业者。她首先邀请我们为管理人员设计专业的学习体验，重点是我们在优质提问方面的工作以及丹尼尔森有效教学框架的指标 3b："提问与讨论"之间的联系。与克里斯蒂娜的对话，使我们产生了新的见解，并且促使我们考虑编写这样一本书。在撰写本书的过程中，克里斯蒂娜为我们提供了验证本书框架的机会，即我们为纽约市的教师、校长和教学指导团队提供专业发展指导。我们视克里斯蒂娜为思想伙伴、同事和朋友。

我们热衷于与教师和学校领导一起参加以反思提问实践为重点的课外专业学习。多年来，我们与全国成千上万的教育工作者进行了交流，我们从他们分享的经验和技能知识中学到了很多。本书中出现了很多课堂，我们特别感谢其中的教师。此外，我们还要感谢学校的领导们，是他们使我们能够与这些教师合作。

在我们着手这个项目时，我们与曼哈顿新学校第290小学的前校长莎伦·希尔（Sharon Hill）以及她出色的员工合作，这扩展了我们对小学阶段为讨论而提问的理解。得克萨斯州SCUC独立学区的学生和学术服务执行主任佩奇·梅洛尼（Paige Meloni）使我们能够在课堂环境中接触教师和学生，因此本书也包含了他们的声音。亚拉巴马州休伊特–特鲁斯维尔中学的丽莎·贝瑞（Lisa Berry）校长和她的员工向我们开放了他们的课堂，并提供了一些视频，为本书某几部分提供了重要素材。娜奥米·艾萨克–辛普森（Naomi Isaac-Simpson）为我们在纽约市和新泽西州学校的工作提供了支持。她将我们带入课堂，并分享了很多小学的特别是数学课堂上的讨论案例。西弗吉尼亚州费耶特县安斯特德小学的谢丽尔·奥尔蒂泽（Cheryl Altizer）校长和她的员工热情地欢迎我们进入他们的学校，共同学习如何让K–5学生参与讨论。

我们非常感谢《教学频道》（Teaching Channel）允许我们选用视频，同时也要感谢视频中的教师。

所有作者都站在思想家和作家的肩膀上，他们读过那些思想家和作家的作品，并进行了长期的反思。我们特别感谢加州大学河滨分校荣誉退休教授詹姆斯·T. 狄龙（James T. Dillon），他在提问和讨论方面的成果很早就对我们产生了影响。狄龙对为背诵而提问和为讨论而提问进行了区分，这推动着我们的思考。

卡拉·麦克卢尔（Carla McClure）仔细阅读了我们的初稿，并提供了有用的反馈。多年来，卡拉一直是我们重要的朋友。我们重视她的才智、聪慧和友谊。

杰姬（Jackie）很感激她的孩子凯瑟琳（Catherine）和威尔（Will）给了

她灵感，他们都是出色的提问者和与大学生讨论问题时的促进者。她还要感谢一位重要的同事——亚拉巴马州最佳实践中心执行副总裁凯茜·加森海默（Cathy Gassenheimer）所提供的启发和精神支持。

贝丝（Beth）非常感谢她的母亲，是她首先教会了她讨论的价值——那些围绕着餐桌时没有太大争议的、有关各种话题的讨论。她又通过与她的丈夫莱尔（Lyle）以及她的儿子克里斯（Chris）和迈克尔（Michael）讨论来进行学习，他们都对她的工作给予了支持，尽管由于工作她有时不能待在家中。

最后，我们感谢杰米·格林（Jamie Greene）对手稿的仔细阅读和富有深度的评论。作为ASCD的副主编，他有效地管理了编辑和评审过程，提高了最终产品的质量。

作者简介
About the Authors

杰姬·阿克里·沃尔什（Jackie Acree Walsh）是一名独立教育顾问，与美国各地的教育工作者合作，以加强课堂、学校和地区中的教学与领导。杰姬同时也是亚拉巴马州最佳实践中心首席顾问。实践中心为她提供了与学校团队、地区团队、教学伙伴和监管人员合作的机会。

杰姬早期作为一名高中社会研究教师的经历使她对提问充满热情。作为教师、教学指导员和管理人员专业学习的设计者和推动者，她将优质提问实践与学生的思考和学习联系起来，还将其与成人的学习和反思联系起来。她致力于协同设计，根据学习者的具体情况制定学习方法。她的工作经历涉及K–12、高等教育、地区研究实验室和州教育部门。

作为众多关注优质提问的书籍和文章的作者及合著者,杰姬致力于进行研究并为从业者提供最优的实践方法。她在杜克大学获得了学士学位,在北卡罗来纳大学获得了硕士学位,在阿拉巴马大学获得了博士学位。

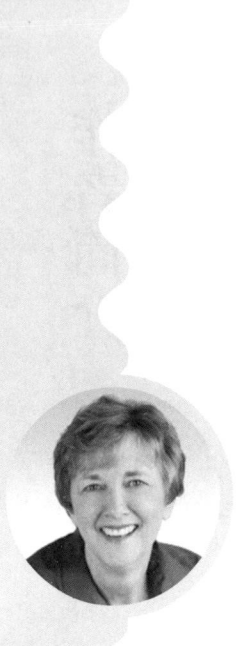

贝丝·丹克特·萨特斯(Beth Dankert Sattes) 通过她的业务"热情学习"开展咨询,主要是在 K-12 课堂有效提问这一领域。她与美国东部和南部的服务中心、地区、学校和教育部门的客户与工作人员合作,时常协助成人学习,并(亲自或通过互联网)跟进后续工作。贝丝的教育工作始于小学特殊教育教师,之后她成为行为障碍学龄前儿童的家长指导。她拥有范德比尔特大学学士学位和皮博迪学院幼儿特殊教育硕士学位。她喜欢与成人学习者一起工作,无论是教师、管理者、教学指导者还是父母。她的首要目标始终是以一种引人入胜和激励性的方式将基于研究的实践转变得可理解和实用。她有时直接帮助成人学习,有时培训教师领袖,以促进他们与同事之间的学习。

贝丝·萨特斯与杰姬·沃尔什合著了五本书,其中包括《优质提问促思考》(Thinking Through Quality Questioning)、《引领优质提问》(Leading Through Quality Questioning)和《优质提问教学法》(Quality Questioning)。

译者简介
About the Translators

刘徽，教育学博士，浙江大学教育学院课程与学习科学系教授，系副主任，担任浙江省基础教育课程改革 STEAM 专业指导委员会委员；浙江省教育学会技术与工程教育分会理事会副会长；中国高等教育学会学习科学研究分会理事。主要从事教学设计与教学变革研究、课程理论与课程史研究和教师教育研究。主持"中小学课堂学习环境的设计研究"等国家社会科学基金项目 2 项，著有《大概念教学：素养导向的单元整体设计》等，在《教育研究》等杂志上发表论文 50 余篇。获得全国教育科学研究优秀成果奖、高等学校科学研究青年成果奖。主持的"教学理论与设计"等三门课程被认定为国家级一流课程。

朱秋禹,浙江大学教育学硕士,深圳市南山外国语学校(集团)滨海小学教师。

潘迪妮,浙江大学教育学硕士,浙江省温州市教育教学研究院教科员。

崔可心,浙江大学教育学硕士,网易有道科学教研员。

目录

绪论 提问以促进讨论的理由 ———————————— 1

提问与讨论：在教与学的标准中地位突出 ———————— 2
K-12 课堂中罕见的事件——讨论 ———————————— 5
为讨论而提问 ———————————————————— 6
本书结构 —————————————————————— 8
投入这段旅程 ———————————————————— 10

第一章 优质提问：深度讨论的核心 ———————— 11

区别为讨论而提问和为背诵而提问 —————————— 12
提问以促进深度讨论 ————————————————— 15
提问实践 1：构建优质焦点问题 ———————————— 16
提问实践 2：促进公平参与 —————————————— 20
提问实践 3：为学生回应提供支架以加深思考 ————— 23
提问实践 4：创造适合深度讨论的文化 ———————— 24
优质问题：深度讨论的辅助 —————————————— 28

1

Questioning for Classroom Discussion
Purposeful Speaking, Engaged Listening, Deep Thinking

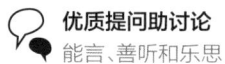
优质提问助讨论
能言、善听和乐思

第二章 富有成效的讨论的DNA：社交、认知和知识运用技能以及相关的素养 ———— 29

  作为讨论基础的教师信念 ———— 31
  富有成效的讨论所需的能力 ———— 34
  向有纪律的讨论进发 ———— 50

第三章 教师指导的讨论：教师在讨论的五个阶段进行辅导 ———— 52

  做示范、搭建支架和指导 ———— 53
  关键的教师思维习惯 ———— 55
  讨论循环：教师指导的讨论的框架 ———— 57
  辅导过程 ———— 94

第四章 结构化小组讨论：使用协议为讨论技能搭建支架 ———— 96

  从配对开始：增强发言能力 ———— 103
  学会安静地倾听 ———— 105
  学会欣赏多种观点，深化对文本或其他媒介的理解 ———— 111
  学会礼貌地表达赞同或反对 ———— 117
  学会提问 ———— 122
  计划进行富有成效的讨论使用的小组结构 ———— 129
  关于结构化小组讨论的结语 ———— 141

第五章 学生自主讨论：让学生坐在驾驶室 ———— 143

  什么是学生自主讨论 ———— 145
  改变教师和学生角色 ———— 149
  为学生自主讨论做准备 ———— 152

开场：激活思维，为讨论搭建舞台 _____ 161
维持讨论 _____ 165
结束 _____ 175
反思 _____ 176
提问练习 _____ 180

第六章　为讨论而提问：设计你自己的方案 _____ 182

三种讨论的模式：决定何时使用何种 _____ 183
三组技能：为学生找到合适的组合 _____ 185
讨论的五个阶段：为成功而计划 _____ 186
四种优质提问的实践：将询问作为工具 _____ 187
最后一个问题：反思你的信念 _____ 189

附录 A：有纪律的讨论的相关技能 _____ 190
附录 B：规划富有成效的讨论的模板 _____ 194
参考文献 _____ 199
学习指南 _____ 206
译后记 _____ 212

绪论

提问以促进讨论的理由

为什么我们要更重视课堂中有助于讨论的提问?

  提问和讨论是学生学习的重要手段与目的。有研究通过提问和讨论将学生的参与情况和学习成果的提升联系起来,包括思维水平及成绩的提高(Applebee et al., 2003; Murphy et al., 2009)。此外,提问和讨论的技能本身就很有价值。雇主报告说它们对事业成功很重要(Wagner, 2008),大学教授赞赏它们在学术环境中的价值(Conley, 2008; Graff, 2003)。又有谁会不同意,讨论和批判性思维技能对于我们在民主社会中积极行使公民权利非常关键呢?

  提问和讨论可以让学生从被动参与者变成主动创造者。新的美国国家标准和教师评估标准都认可了这两种技能的相互依赖性。倡导多关注提问和讨论的人认为,这些技能有助于提升批判性思维和协作解决问题的能力(Schmoker, 2006; Wagner, 2010)。

  鉴于有助于讨论的提问非常重要,人们可能会认为这些教学策略已经在美国各地的K-12课堂中得到了有效而定期的使用。然而,大量的研究

优质提问助讨论
能言、善听和乐思

结果却与此相反:课堂讨论在我们的学校中很少见。也许这就是当前课程标准和教师评估系统中强调提问和讨论的一个原因。巧妙地使用有助于讨论的提问显然是一种值得追求的课堂实践。

提问与讨论:在教与学的标准中地位突出

共同核心州立标准(CCSS)的一个显著特征是它在英语语言艺术(ELA)/读写能力标准中包含了说与倾听、阅读、写作三大内容。这背后的逻辑是,这三种技能是相互依存的,并且在加深学生对内容的理解方面起到相互促进的作用。这一逻辑在首个CCSS说与倾听标准中显而易见,该标准规定学生应该做到以下几点:

> 做好准备并有效地与不同的伙伴进行一系列对话和合作,在他人想法的基础上,清晰而有说服力地表达自己的观点。(ELA-Literacy.CCRA.SL.1)

从幼儿园开始,讨论与提问的结合就出现在相应年级的共同核心标准中。当学生在11—12年级时,他们应该要做到以下几点:

> 通过提出和回答需要探究推理与证据的问题来促进对话;确保能倾听关于某个主题或问题的各种观点;阐明、验证或质疑观点和结论;提出发散性和创造性的观点。(ELA-Literacy.SL11-12.1C)

那些不使用CCSS的州的口语与听力标准中也都出现了类似的描述。例如,以下是弗吉尼亚州英语学习标准(SOL)中对9—10年级学生的要求之一:"通过提出和回答问题,吸引他人参与讨论,对观点提出质疑,从而推动对话"(10.1 CF)。同样,得克萨斯州的标准——得克萨斯州基本知识和技能(TEKS)对口语和听力部分提出了很高要求,包括让学生提问和开展合作性对话。

多亏了数学实践共同核心标准(http://www.corestandards.org/Math/Practice),如今许多数学课堂中学生都能积极讨论。尽管提问和思考对这八项标准都起到支持作用,但是数学实践3级标准要求教师和学生在为讨论而提问方面拥有特殊技能:"提出切合实际的论点并对他人的推理提出批评"(CCSS.Math.Practice.MP3)。更具体地说,这个标准要求学生"证明和向他人表述自己的结论,并对他人的论点做出回应",并且"所有年级的学生都应该倾听或阅读他人的论点,判断它们是否合理,并提出有效的问题来阐明或改进论点"。

在下一代科学教育标准(NGSS)列举的八种NGSS科学实践要求中,有四种与提问或讨论直接相关:提问;给出解释;凭借证据进行辩论;获取、评估和传递信息。此外,由于科学的本质是探究性的,学习者会在实验中进行假设和推测,测试和评估结果,并展开合作,因此它有助于学生进行对话。

2013年,由全美社会研究委员会发布的大学、职业和公民生活框架("C3")包括了横跨社会科学学科四个维度的"探究弧线":提出问题和为调查做计划;使用学科概念和工具;评估信息来源和使用证据;传达结论并采取合理的行动。很明显,提问和讨论的能力非常重要。

毫不意外,在学术对话或讨论的情况下,口语和听力是"教导母语为其他语言的学生的英语教师组织"(TESOL)制定的英语语言能力(ELP)标准的核心。所有五个ELP标准都侧重于沟通,1级标准是"英语学习者在校园环境中进行社交、跨文化和教学性质的交流"(TESOL, 2006, p.28)。费希尔(Fisher)和弗雷(Frey)(2008)强调口语是阅读和写作之间的桥梁:"口语的任务并不只是对话,它还是学习的梯子,能够在学生阅读之前激发

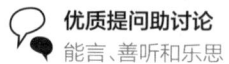

他们的思维,同时能让他们在准备写作的过程中阐明自己对语言的理解和使用。"(p.41)

讨论既是学习标准的一项重点,也是现行研究基础上的教师评估框架的重要组成部分。例如,夏洛特·丹尼尔森(Charlotte Danielson)的教学框架是美国使用得最广泛的两种评估系统之一(Popham,2013,p.61),它特别关注提问和讨论。提问和讨论(3b)是"教学框架中唯一专门提到的教学策略,这反映了其对教师实践的重要性"。丹尼尔森认为提问和讨论是加深理解的策略(个人交流,2014年12月10日)。

三个与提问和讨论相关的要素构成了丹尼尔森教学框架中的相关组成部分。这些要素包括:(1)问题/提示的质量;(2)讨论技能;(3)学生的参与。丹尼尔森的评价包括教师质量评估的四个等级:杰出、精通、基本和不满意。在提问和讨论部分,杰出级别要求学生在提出问题、质疑彼此的思考以及发表评论方面都具有积极性。这种期望内在的假设是,教师正在培养学生在这些领域的技能,并创造一种让学生可以轻松地履行这些职责的课堂文化。这也是我们在本书中提出的复杂的教师责任观之一。

丹尼尔森教学框架

3b部分:杰出地使用提问和讨论技能(第4级)

教师使用多种或一系列问题或提示来挑战学生的认知,推进高层次的思考和表达,并促进元认知。学生提出许多问题,挑起话题,挑战彼此的观点,并主动做出贡献。学生确保自己在讨论中能倾听各种不同的声音。(Danielson,2013,p.67)

当下对提问和讨论的重视引发了这样一个问题:课堂提问技能与实

践，特别是当它支持学生讨论时，是怎样的？如果你认为对它的重视源于感受性需求，或最佳实践与实际实践之间的明显差距，那么以下内容将肯定你的想法。

K-12 课堂中罕见的事件 —— 讨论

教育思想界的领袖们长期以来一直为 K-12 课堂中学生有限的互动机会而感到遗憾。三十多年前，欧内斯特·博耶（Ernest Boyer）在报道美国的中学教育时写道：

> 课堂上发生的大多数讨论，要求的是简单回忆（1763 年条约的规定是什么？）或对概念的应用（使用周期表来查找原子序数）。学生偶尔会被要求进行解释（如果我们在房间的一个角落释放氨，为什么可以在对面的角落闻到它？），但严肃的学术讨论很罕见。（Boyer, 1983, p.146）

同样，具有里程碑意义的"学校教育研究"的首席研究员约翰·古德莱德（John Goodlad, 1984）将讨论定义为教师与学生之间的互动，而他报告说，这种讨论平均只占课堂中大约 5% 的时间。该研究收集并分析了 1000 多个 K-12 课堂观察数据。

自那时以来，情况几乎没有改变，因为研究人员发现 K-12 课堂一直很少有真正的讨论。例如，卡米尔（Kamil, 2008）及其同事报告说："目前，每 60 分钟的课堂教学中，用于讨论的时间在 0 到略多于 14 分钟之间，平均只有 1.7 分钟。"（p.22）这还不到教学时间的 3%！看到这个数据的教师可能会说，"在我的课堂上不是这样的"，但我们以为我们所做的和我们实际所做

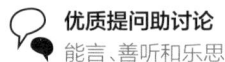
优质提问助讨论
能言、善听和乐思

的之间的差距可能比我们想象的要大。想想阿普尔比（Applebee, 1996）的发现："尽管初中和高中教师报告'讨论'是他们的主要教学形式，但在对112个八年级和九年级语言艺术课程的研究中，学生每小时参与真正的课堂讨论的时间不足一分钟。"（p.87）此外，对1500个课堂的学习进行研究发现，"只有0.5%的课堂存在学术对话和讨论的证据"（Schmoker, 2006, p.66）。

许多大规模的教学实践研究都采用了丹尼尔森的教学框架来进行数据收集。例如，由盖茨基金会资助的MET研究，培训并认证观察员使用该框架收集数据。在课堂可观察的10个组成部分中，3b（讨论）收到的评分最低。也就是说，讨论是教师最难获得高于基准评分的领域（Ho & Kane, 2013）。

另一项由芝加哥学校研究联盟在芝加哥大学城市教育学院进行的大型研究也出现了相似的结果。在丹尼尔森的3b部分中，41%—45%的教师获得了不满意或基准评分。事实上，相比其他9个可观察的部分，教师在这一部分中的得分要低得多（Sartain et al., 2011）。显然，这些研究表明，大多数课堂都没有更高层次的提问和讨论。

托尼·瓦格纳（Tony Wagner, 2010）为这些数据提供了另一个来源：学生的声音。在《全球学业差距》（*The Global Achievement Gap*）中，他写道："我对学生以及他们高中和大学老师的采访证实，学生对讲课式教学和依靠教科书获得信息越来越不耐烦，并且渴望更多的讨论。"（p.178）

为讨论而提问

二十多年来，我们与课堂中的教师密切合作，以加强他们对课堂提问的运用。从一开始，我们就区分了为讨论而提问和为背诵而提问。背诵是课堂对话的主要形式，遵循被称为 IRE（启动、响应、评价）的模式。换句话说，老师提出一个只有一个"正确"答案的问题，要求一名学生回答，并评价该学生的回答。尽管这种提问模式为一些基本的教学目的服务——特别是在学习循环的早期阶段——但 IRE 并不鼓励"对于发展基于讨论的理解而言至关重要的探索性思维"（Applebee, 2003, p.685）。

促进深度分析、评估和综合归纳思想的问题，与通过背诵来确定学生是否学到了事实或建立了预期的知识库的问题，两者完全不同。用于讨论的问题是有分歧的，不是趋同的；也就是说，学生对不同的解释和结论持开放态度，并不是只接受一个"正确"的答案。它们让学生参与更高层次的信息处理，而不仅仅是重复教科书或教师的答案。它们通过创造认知失调或呈现真实的挑战和问题来激起学生内心的思考。

那些对激发和维持真正讨论所需的思维类型有帮助的提问策略，往往与背诵时使用的策略有很大的不同。真正的讨论不可能通过 IRE 模式来实现，因为在 IRE 模式中，老师是所有学生谈话的中心和过滤器。相反，真正的讨论的重点是让学生彼此交换意见，并与同伴进行对话。虽然教师仍然具有监督学生谈话内容及质量的责任，但这么做的目的是让学生持续思考并进行互动。尤其是教师需要抵制对每个学生的评论做出评价的诱惑，无论评价是积极的还是消极的。教师鼓励学生互相提问，表示赞同或反对，并为他们的立场提供理由，而不是像在背诵课上那样在每次谈话时提出问题。当老师进入讨论时，往往是参与思想的流动。

课堂对话不会自己从背诵转变成讨论。它需要投入、意向性和实践。我们大多数人学习和参与真正的讨论的机会都很有限，无论是在我们的学生时代还是在我们的专业培训中。我们的学生也是如此。他们甚至还有额外的障碍，因为他们生活在一个由 24 小时新闻频道主导的文化中，其中的政治讨论倾向于"不文明的争执"而不是"文明的谈话"。

本书适用于那些希望通过改变自己和学生的对话来改变学生学习成

果的教师。它提供了用于规划和促进课堂讨论的框架、策略和工具，帮助学生培养大学、职业、公民身份以及有意义和富有成效的生活所需的技能与素养。它也适用于那些试图加深对模范课堂讨论表现形式的个人理解，以及致力于与学校中的教师合作以改进这种强大的学习方法的学校领导。

本书结构

本书中描述的讨论不仅要求教师和学生掌握新的技能，获得新的素养，还要求他们摒弃长期以来与"上学"方式相关的习惯和行为。本书的目的是帮助读者理解为什么以及如何为课堂培养富有成效的讨论。

第一章解释了优质提问的四种实践如何支持深思熟虑的讨论：(1)提出焦点问题以激发和维持学生的思考与互动；(2)促进所有学生公平参与，确保他们有责任做出回应并为讨论做出贡献；(3)支持学生发表评论以维持和加深思考与理解；(4)创造一种课堂文化，支持富有思想的和有礼貌的对话。

第二章介绍了教师可以在学生身上培养的，进行富有成效的讨论的四种能力：社交技能、认知技能、知识运用技能和相关的素养。通过明确地教导学生这些能力如何有助于富有成效的讨论，并为学生提供练习和改进这些技能与素养的机会，教师可以帮助学生发展参与有纪律的讨论的能力。

我们确定了三种不同形式的讨论（见图A），它们构成了学生讨论的实践领域：教师指导的讨论、结构化小组讨论和学生自主讨论。这三种形式从"教师控制较多"逐渐转变成"学生负责较多"，并且每种形式在学习循环的不同阶段都具有内在价值。通过有目的地使用教师指导的讨论和结构化小组讨论，教师可以帮助学生发展有效讨论所需的技能和素养，并使学

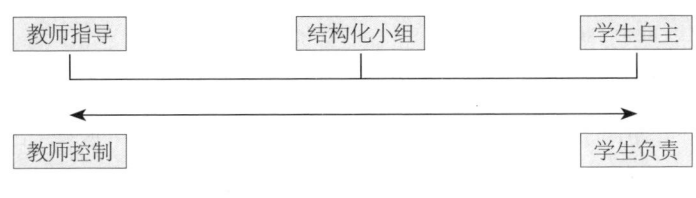

图 A 三种讨论形式

生准备好在学习循环中的适当时刻参与成功的学生自主讨论。

第三章聚焦于教师指导的讨论,其中教师在促进学生交谈中发挥着积极的作用。教师有意识地提供评论、问题,并采取其他明确的行为以塑造学生在课堂对话中的认知参与,并加深学生对内容的理解。教师在帮助学生发展与富有成效的讨论相关的技能和素养时,提供示范、支架和指导。教师指导的讨论可以在全班或小组中进行。本章介绍了规划、实施和反思讨论的五个阶段。这种结构可以帮助教师在规划和指导富有成效的讨论时更深入地思考且更有意识。

第四章讨论了结构化小组讨论,这种讨论发生在教师有策略地将学生分配到小组中,并使用指导方针和协议来组织对话时。例如,教师可以描述学生的角色和职责,为探索主题提供步骤指导或问题,或使用基于文本的协议。小组中蕴含的结构有助于发展发言、倾听和合作这三类与讨论相关的社交技能,同时也会促进认知技能和知识运用技能的发展。它们还会培养相关的素养。

第五章探讨了学生自主讨论。在这种类型的讨论中,学生承担主导责任,主持讨论,遵守选定的指导方针,并经常在派迪亚或苏格拉底研讨会(Paideia or Socratic seminars)等框架内运作。学生自主讨论成功的关键是确保学生了解他们在这种环境中的角色和责任,选择适当的文本或主题进行讨论,并最大限度地减少教师对对话的干预。正是在这个舞台上,学生可以自由地对话题进行探索,整合来自不同领域的知识,并创造思考问题

优质提问助讨论
能言、善听和乐思

的新方法,而教师的干预却很少。

第六章为读者回顾了贯穿本书的框架、工具和资源,并提供机会,对如何与学生一起使用它们进行反思。我们希望你会发现本书是一本有用的实践手册,你可以在计划和与学生进行富有成效的课堂讨论时经常使用书中的资源。

投入这段旅程

我们将本书视为所有学科的 K–12 教师以及指导和支持他们的教学领导者的资源。为此,我们提供了一系列工具和资源,你可以从中选择最适合你所教授的年级和领域的技能与策略。我们建议读者在进入其他章节之前先从第一章和第二章开始。这些章节为第三、四、五章提供了基础。虽然第三、四、五章中提出的讨论形式建立在彼此的基础之上,但这些章节可以单独存在并以任意顺序阅读。

提问和讨论具有吸引学生参与最高水平的思考和学习的巨大潜力。当然,这种潜力的实现程度取决于教师个体,他们接受这些实践并使其成为自己的实践,将其用作将学科知识与学生的心灵和思想联系起来的工具,并认识到这一途径涉及与学生建立真正的伙伴关系。我们希望本书能够激励你重新投入这段旅程,并帮助你带领你的学生达到更高的境界。

> **反思和连接**
>
> 反思你与你的学生什么时候会在课堂和学校中为讨论而提问。你对于与学生为讨论而提问的看法是什么?你希望通过阅读和反思本书获得什么?

■ 第一章

优质提问：
深度讨论的核心

什么类型的提问能激发和支持富有成效的讨论？

在富有技巧和思考的学生讨论中，优质提问是核心。那些学会提出优质问题，并教学生也这样做的老师，可以通过让学生们参与有目的的交谈、倾听和深度思考来改变传统的课堂互动。当学生们被期望提出他们自己的问题——而不是等待老师的问题时——他们会与同伴交流倾听，而不只是与老师互动，认知要求也因此增加了。践行优质提问使学生能参与具有挑战性的论述，这需要对不同观点持开放、尊重的态度，并能不断发展新的认识。

一个精心构思的、有激励作用的问题对于培养学生有目的地交谈和倾听的思维有催化作用。补充意见或问题会引出证据和推理，以确保思维的严谨性。尊重"思考时间"，能使学生更加深入自己和同学的思维。支持所有人的思考、促进学生参与的实践，能确保多元视角的表达。有目的性地回应学生的评论能使他们持续思考。

教师用这样的提问实践构建了一种体系，支持学生在讨论中思考，并让学生在试图与同伴对话时承担更多的责任。当这些实践发生在一个崇尚思考的氛围中时，就会产生深思熟虑和富有成效的讨论。

优质提问助讨论
能言、善听和乐思

区别为讨论而提问和为背诵而提问

狄龙的《提问和教学：实践手册》(*Questioning and Teaching: A Manual of Practice*, 1988) 对我们关于课堂提问的思考做出了很大的贡献。狄龙对两种提问形式做了区分，一种是促进背诵的，也就是平常的课堂讨论形式；另一种是促进讨论的，也就是一种在 K-12 课堂上很少出现的互动类型。自 1988 年他的书出版之后，美国的课堂中几乎没有发生变化：背诵，或是被许多研究者称为 IRE 的模式（Mehan，1979），仍然是课堂对话的主导形式。戈登·韦尔斯（Gordon Wells，1993）将这种每次只能在老师和一个学生之间来回反复的对话称为 IRF（启动、响应、反馈）。考虑到当下对于形成性评价和反馈的重视，IRF 也许能更精确地描述一个富有成效的课堂在背诵中能发生什么。

狄龙观察了为讨论而提问与为背诵而提问的不同点，这些结果在今天看来依然正确。狄龙对这两种语境中的提问目的和问题本身的特点做了区分。多年来，与我们一起工作的老师们肯定了这一区别的效用，而且我们通过自己的探索，加深了对这些差异的理解。表 1.1 展示了一些为背诵而提问与为讨论而提问的目的之间的区别。当你回顾这些信息时，你可能会推断出，背诵是教师组织学生掌握核心知识和基本技能的环境，而讨论是一个舞台，在这里学生能批判性地、创造性地对知识进行思考，并且有机会将其更深入地整合到脑海中。

表 1.1　为背诵而提问与为讨论而提问的目的比较

提问的目的	
背诵	◇增长基础知识和发展技能。 ◇提供训练和练习机会。 ◇通过给予教师和学生形成性反馈来检查理解情况。 ◇建立个体责任。★ ◇鼓励学生自我评价。★ ◇提示学生什么是重要的。 ◇鼓励学生（非教师）发言。★
讨论	◇将含义内化并联系已有的理解。 ◇扩展或深化思考。 ◇通过提问和建立新的联系来加深对概念的理解。 ◇为了理解和欣赏不同的观点而倾听。 ◇学习如何礼貌地表达反对。 ◇反思自己与他人的看法。 ◇培养在小组合作中重要的生活技能。

★同时适用于背诵和讨论。

我们需要明确的是，在学习和教学中，为背诵而提问与为讨论而提问同样重要。狄龙的观点是，这两者具有明显不同的目的，对此我们也很赞同。为背诵而提问对于检查理解情况非常重要。在此情形下，教师会为了获得形成性评价而提问。迪伦·威廉（Dylan Wiliam, 2011）称这些问题为"关键的问题"，并建议其应成为教学程序的一部分。这些问题可以用来判断学生是已经准备好进行下一步的学习还是需要重新教学。当为背诵而提问被合理地使用时，它不仅仅能为教师提供形成性反馈，还能让学生反思自己了解事实和理解概念的程度。学生自我评价是形成性评价中最有效的类型。

为背诵而提问能够检查理解情况，为讨论而提问则有助于学生在掌握

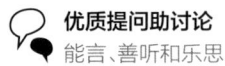

优质提问助讨论
能言、善听和乐思

核心内容之后建立和加深理解。教师在制订课程计划时，需要在单元设计中确立一个目标，它适用于任何的讨论，也是在这些课程中提问的目的。不论一个讨论的具体目的是什么，教师为讨论而提问的标志是，它旨在发展学生进行富有成效的讨论所需要的技能和素养。

课堂提问的核心是教师提出的那些用以开启并推动整个过程的问题，无论其目的是背诵还是讨论。教师们提出的问题的特征，是决定学生参与背诵或讨论的关键：

> 虽然讨论与背诵都是学生和教师一来一回的交谈，但是讨论有其自身的特色。它需要对问题进行特别的使用，以推动讨论的进行。因此，使用适合背诵的问题只会阻碍讨论，并将讨论变得像背诵。（Dillon,1988, p.119）

表 1.2 主要来自狄龙的思想，它展示了这两种语境中的问题具有的不同特征。大多数教师在被询问时，会说为讨论而提的问题是开放式的并且能鼓励学生思考，而为背诵而提的问题则是用来确定学生是否知道重要的事实和概念的。然而，不是所有教师都认为凭借一个深思熟虑的适合讨论的问题就可以在整节课中推动讨论。

表 1.2　为背诵而提问与为讨论而提问的问题比较

	问题的特征
背诵	◇在问题中，看学生是否知道老师的（或"正确的"）答案。 ◇老师提出的问题有"正确的答案"，并且是学生之前学习过的。 ◇问题是促进学生回忆或记忆和/或展示理解情况的。 ◇提出的问题与标准或学习目标一致。★ ◇老师通常提出许多问题。

续表

	问题的特征
讨论	◇问题是真实的。 ◇问题是开放的和发散的，而不是聚焦的。 ◇问题激起在高认知水平上的回应（应用，分析，评价，创造）。 ◇问题使学生在个人和情感上都有所参与。 ◇老师提出了一个用于讨论的问题；其他的问题则是由学生和老师共同提出的。

★ 同时适用于背诵和讨论。

提问以促进深度讨论

一个富有深度和成效的课堂讨论就像一块五彩斑斓的、紧密编织的挂毯，其中的许多线有目的地交织成显眼的图案。正如一条精致的挂毯，一个富有成效的讨论不会凭空出现，它是设计和熟练的工艺的结果。在讨论中，教师和学生提出高质量问题的技能，是获得圆满结果的基础。

根本上来说，讨论是否有效取决于课堂中学生的知识和技能。然而，大多数学生入校时并不具有参与提问和讨论所需的技能。因此，教师必须计划和示范如何提问，从而展开富有成效的讨论。

关于优质提问的艺术与科学可以写很多书。事实上，我们自己也写过一些！在那些书中，我们将优质提问定义为一个过程，它包括：将准备问题作为课程计划的一部分，以能够吸引所有学生的方式展现问题，通过使用提示和追问来促使学生做出回应，对学生的反应给予反馈，以及对提问实践的反思（Walsh & Sattes, 2005, 2011）。

然而在本书中，我们关注的是教师在计划让学生参与有意义的讨论

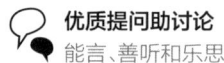

优质提问助讨论
能言、善听和乐思

时,如何从以下四种与优质提问相关的实践中吸取经验:

◇构建能启动和维持学生思考与互动的焦点问题。

◇促使每个人在讨论中公平参与。

◇支持学生做出回应以维持和深化思考与理解。

◇创造一种支持有思想、有礼貌的对话的氛围。

这些做法都可以用于不同形式、不同目的的讨论(比如,教师指导的讨论、结构化小组讨论以及学生自主讨论)。就像织布机上的横梁一样,它们塑造了一个结构,通过这个结构,学生可以编织一匹思想的织锦——换言之,就是一个有深度的讨论。如果教师在计划和促进讨论时,能始终有意地把这些横梁放在适当的位置,他们也就在为学生示范如何建立讨论。

提问实践 1:构建优质焦点问题

优质问题是富有成效的讨论中产生和交流思想的催化剂。这样的问题不是自己诞生的;相反,它们是教师在对所学内容进行专注、严谨的思考之后得出的产物。这项工作的一个重要组成部分是确定并分解相关标准及内容的核心理念,以寻找能引发辩论、激发人们好奇心或者创造力的问题。

> **如何构建一个优质焦点问题**
>
> ◇确定一个问题。
>
> ◇精心加工问题。
>
> ◇预测学生的反应。

确定一个问题。 构建一个足以推动深度讨论的问题需要三个步骤。第一步是确定一个能成为焦点的核心问题。在寻找一个可行的备选方案时，教师可以通过考虑：（1）学生们是否拥有解决问题所需的知识深度和广度；（2）学生们是否会因其相关性、重要性或内在的兴趣参与这个问题，来测试一个问题可能会在多大程度上吸引学生思考。麦卡恩（McCann, 2014）在英语语言艺术课堂的讨论中指出，"探究的切入点是激发学习者对于关心的问题的疑问"。麦卡恩指出，青少年会特别"积极解决"的主题——平等、正义、责任、自由、同情和忠诚，也就是"莎士比亚和其他成千上万的作家世世代代努力解决的"话题。（p.25）围绕构建问题的问题必须考虑到为参与讨论的学生保证一个"疑问的共通点"（Haroutunian-Gordon, 2014）。以上这些都是在说，嵌入问题中的核心问题必须有足够的相关性，并刺激学生在情感上充分参与。

精心加工问题。构建优质焦点问题的第二步是精心加工问题，这需要确定具体的措辞和语法。典型的焦点问题有以下重要特征：

◇ 符合学生年龄和年级水平的学术词汇。
◇ 为激活学生特定思维水平而选择的有力的动词。
◇ 简洁的句子结构。
◇ 在有意义的背景中提出（在提出问题之前，教师可能需要准备一份提供焦点或背景的叙述）。

下面的简介描述了一个团队在他们的团队协同工作中如何使用这些原则来构建问题。

⊙ 一个改进问题的案例

针对有关古雅典的单元末的讨论，一个八年级社会研究团队合作起草了以下的问题：基于你关于雅典民主政治的知识，你认为在我们地方政府实行直接民主能提高生活质量吗？这个问题聚焦于内容标准，并与学生团体相关。这是一个好的开始。当然，大多数读者马上

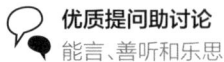

优质提问助讨论
能言、善听和乐思

就会注意到这是一个判断对错的问题,并伴随着"为什么"或者"请为你的回答提供理由"这样的问题。

然而再看这个问题时,团队成员开始怀疑它是否有让学生在情感和认知上参与进来的可能。他们认为,尽管这个问题要求学生将古代历史和21世纪联系起来,但是学生们可能不太会联系自身,或者说不会在讨论中花费太多的情感能量。而且,他们认为问题的认知需求相对来说较弱;它缺乏学术词汇,包括有力的有助于激活思维的动词。经过大量反思后,团队改进了这个问题。他们决定在讨论的前几天就提出问题,从而为学生留出研究和思考的时间。他们也告知了学生要以投票来结束讨论,以确定在一起探索这个问题后,大多数学生是怎么想的。这是他们的修订版本:

假设我们州的立法机构为我们当地的市民提供与古雅典操作相似的直接民主的机会。

◇ 推测这种政治结构将对你和你的家人以及社区的生活质量带来哪些好处和坏处。

◇ 就如何改进系统以使其更加公正提出建议。

◇ 用因果推理、具体例子、历史证据以及其他相关信息支持你的想法。

小组成员认为,与原来的问题相比,他们修改后的问题有更大的潜力让学生参与充满活力和富有成效的讨论。因为这个问题要求学生考虑对个人和社会的影响,教师们希望学生能更深入地思考它。此外,教师们相信提早收集信息和批判性的思考有助于学生收集支持他们观点的证据。或许最重要的是,该小组认为他们修改后的问题是一个要求更高的认知任务,它要求学生进行推测,并用证据和推理支持它们。事实上,他们的结论是,这个问题能让学生就有关"民主"社会中良好公民身份的思考进行练习。

第一章
优质提问：深度讨论的核心

预测学生的反应。 构建一个优质问题的第三步是预测学生思考和互动时可能会有的反应。在这一步中，教师要问问自己："我的学生可能会如何回答这个问题？"教师们要进行头脑风暴并记录学生可能出现的反应，包括符合逻辑、合乎情理的推理，以及错误的思想。这种练习是为两个目的而服务的。第一，它能很好地检验那些已经写下的问题是否具有引出一系列观点的能力。这种能力是产生一个丰富且活跃的讨论的先决条件，在这种讨论中，学生们会在质疑彼此立场的同时反思自己。如果一个问题不能开启多元视角，它就不太可能引发一个有深度的讨论。如果从这个问题中不能发掘出不同的观点，教师们则需要重新考虑。

预测学生反应的第二个目的是计划有效的教师应对措施，它能维持学生思考，或者在出现错误推理的情况下，引导学生重新思考或者修改他们的立场。虽然最终的目标是培养学生质疑、扩展甚至纠正彼此的技能，但教师需要做好辅助这些过程的准备，特别是当他们的学生在讨论方面相对缺乏经验和技能时。

预测学生对问题可能的反应是促进数学讨论的"五大实践框架"中所推荐的第一个实践（Smith & Stein, 2011）。在这个框架内，"预测学生对具有挑战性的数学任务可能的反应"要求教师建立多种正确的和不正确的方法，通过它们，学生可以解决具有挑战性的数学问题。（p.8）史密斯（Smith）和斯坦（Stein）认为，应该将这个环节作为计划的一部分来完成。他们还建议，当教师们为每个预期的学生反应准备可能的后续问题时，他们最好能在快节奏的课堂对话中提供有效的支持和其他后续行动。这样的准备使教师能帮助学生纠正他们的错误理解以及拓展他们的思维。如果教师通过合作来思考学生可能的回应以及后续行为，他们可以相互学习并借鉴彼此的经验，从而更加成功。

优质提问助讨论
能言、善听和乐思

"当场"提出问题对一个教师来说是非常具有挑战性的,因为他要在一个满是学生的教室里应付各种需求,而且学生需要的帮助类型和程度不尽相同。当教师们对学生的需求和挫折感到不知所措时,如果他们不能一下子想到其他的做法,他们很容易就像原来那样直接告诉学生该怎么做。(Smith & Stein, 2011, p.36)

"五大实践框架"也已经被应用到科学中(Cartier et al., 2013)。考虑到许多学生是带着根深蒂固的误解进入科学课堂的,预测学生可能会对科学任务或问题做出的回应显得尤为重要。让我们回到"一个改进问题的案例",并预测最终的问题是否会引起足够多的反应以产生热烈的讨论。修订后的问题要求学生首先要了解古雅典民主的局限性。拥有这一认知的学生可能会对核心问题持有相互冲突的立场。有些人可能关注缺点,指出这种文化是建立在奴隶的脊背上的。他们也可能对大量公民参与所需的时间和由此产生的效率低下问题有所异议。其他学生可能会关注优点,并提出结构性的改变以解决他们眼中的缺点。因为解决这个问题需要联系知识库,缺乏基础知识的人将有机会纠正他们自己对问题的误解。通过预测讨论可能的发展方向,这些教师可以谈论他们能想到的多种方式,来回应学生可能出现的上述立场。

提问实践2:促进公平参与

一个成功的讨论能使所有学生参与思考和交换思想。确保这种讨论的实现是教师在准备和促进学生讨论时面临的一大挑战。为了应对这一挑战,教师需要拥有一些解决难题的策略。比如说:教师如何在不打断学

第一章
优质提问：深度讨论的核心

生的情况下防止热心和热情的学生垄断话语权？教师如何鼓励害羞的学生而不使他们感到尴尬？教师如何处理这些问题而不干扰讨论的节奏？这些都没有简单的答案。然而，我们建议教师们探索这两种策略：（1）建立促进公平参与的规范和准则；（2）使用有利于全体成员参与的结构。

由于讨论与普通的课堂对话有很大不同，所以对学生参与度做出明确预期非常重要。对沟通最重要的预期是每个学生都准备有所贡献。精心制定的参与规范可以构建一种文化，让学生对自己和他人参与课堂讨论负责。我们在本章论述支持为讨论而提问的课堂文化时将提供规范的示例。这么做的目标是让学生"拥有"与深度讨论文化相关的参与规范，并能在不依赖教师的情况下对公平参与进行监督和管理。然而，由于这与传统的课堂行为不同，所以教师必须引导学生开发和尊重促进公平的规范。完成这个过程的第一步就是与学生一起制定这些规范。规范一旦被开发出来，教师们必须在每一次课堂讨论之前通过在学生面前张贴并且积极复习的方式来保持。

其中一个特别违反学生和老师直觉的规范就是不举手。在大多数学校，学生从小就学会举手以获得发言权。而且，在大多数学校，教师依靠志愿者，即那些举手的学生来回答他们的问题。这种做法导致了大量的学生选择退出课堂对话。我们认为，让学生自己决定是否参加的做法会加大成绩差距。与迪伦·威廉姆（Dylan Wiliam, 2011）一样，我们提倡教师在复习课上随机选择学生来回答问题，通过选择合适的应对策略（比如，示意、小组对话、合作小组任务）让所有学生参与其中，或用问题来匹配学生。然而，在讨论中，不举手的策略更多的是通过鼓励学生在发言时有所贡献来保持讨论的流畅性。它也与消除教师决定谁在什么时候发言的权威地位有关。在讨论过程中，不举手的策略可能会让一些积极的学生垄断对话，而那些沉默、不太自信的学生则很少拥有（或没有）对话时间。正因为如

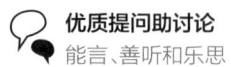

优质提问助讨论
能言、善听和乐思

此,我们建议教师使用结构和规范来促进公平参与。

能为所有参与者提供支持的结构有助于规范预期的行为,并帮助学生对自己和同学的参与越来越负责。在我们与全国各地的教师的合作中,我们碰到了无数用于建立这种类型的学生责任的策略。下面是一些最常用的促进公平参与的结构。

学生追踪。指定一些学生"追踪"谁已经发言和谁没有发言,并让他们用"你对此怎么看?"这类提示词鼓励那些没有发言的同学。

鱼缸法。使用鱼缸法协议,其中一定数量的学生(五至七个)坐在一个圆内,其他学生坐在同心圆外圈。在鱼缸里每个学生都需要参与讨论,而且那些更乐于助人的学生会通过向一些沉默寡言的学生寻求帮助和想法,吸引他们参与进来。那些在外圈的人应该积极倾听并记好笔记,同时应该明确,他们有时可能需要进入鱼缸内圈以继续对话。教师还可以要求外圈的人注意每个人说了多少,并在被提问时提供形成性反馈。在鱼缸对话结束时,教师可以让外圈的学生以循环轮流的方式分享与他们所听到的内容相关的想法。一些教师随后会要求另一组移动到内圈并继续讨论或对相关提示做出回应。苏格拉底研讨会(会在第五章讨论到)经常使用这种方式。

短回答循环赛。要求每个学生用一个或两个词回答一个预设的问题。例如,每个学生可能会被要求根据给定的主题选择一个能恰当地描述他个人反应的形容词。在轮转循环赛的方式下,每个学生可以做出反应并拥有与一个同学达成一致的选择权。这个策略可以创造公平的竞争环境。

小组协议。使用小组协议有助于发展学生个人参与的责任感,也可以帮助学生更好地感知鼓励他人贡献自己想法的需要。(见第四章)

参与限制。在讨论中为学生提供数量有限、可以"花费"的代币。学生每次说的时候,就放弃一个代币。当代币用完之后,学生就不再有资格进行交谈了。这是我们最不喜欢的策略,一部分原因是它干扰了讨论的自然流动。在发展公平的规范以提高学生意识的早期阶段可以考虑并明智地使用它,尤其是面对高年级的学生。

当教师们运用这些结构时,他们需要向学生明确这样做的原因;鼓励学生反思自己和同学的参与;让学生思考为什么从全体成员那获取信息是有价值的;提出期望,让课堂成员为支持另一个同学的参与而负责。随着公平参与变得规范化,你可以减少使用这些辅助工具,同时继续鼓励学生反思他们个人的参与情况,以及小组在多大程度上鼓励和支持每个人的声音都能被别人听到。

提问实践 3:为学生回应提供支架以加深思考

我们之前提出过构建一个用于讨论的问题的重要步骤,即根据预期的学生反应或评论生成一系列教师可能采取的行动。这样的教师行动,以评语或提问的形式展现,可以为学生思考提供支架。他们也可以让思考停止。这完全取决于教师的目的、时机和措辞。

经过多年的课堂研究之后,狄龙在 1988 年得出结论:在学生讨论时,教师的干预往往会终止学生的思考和谈话。他发现这一点在正面反馈或赞扬上表现得尤其明显。当然,其理论基础是,当一位老师与一名学生的想法达成一致时,发言者和其他同学都认为没有必要再进行进一步思考,因为老师已经得到了他想要的答案。

我们的观点是,教师提供支持的频率因讨论的类型而异。在教师指导的讨论中(见第三章),教师是准备好提供大量支持以帮助学生发展有纪律的讨论所需的社交和认知技能的。当学生第一次学习规范和有效讨论的过程或当讨论的成果非常明确时,使用教师指导的讨论是最合适的。教师

优质提问助讨论
能言、善听和乐思

带着大量的后续问题和计划好的结构加入这种讨论，以使学生在既定范围内发言。同样，在结构化小组讨论中（见第四章），教师应选择有助于学生支持彼此思考和参与的协议。在这两种形式的讨论中提供帮助的例子，在后面的章节中有所涉及。

提问实践4：创造适合深度讨论的文化

富有成效的讨论是合作的结果，它不会生长于竞争激烈的课堂中，因为在这样的课堂中，学生会认为他们是为了老师的青睐和高分而与他人相互竞争。同样，富有深度的讨论也不能蓬勃发展于一个以教师为中心、以正确答案为导向的课堂。相反，它盛行于赞扬好奇心、探究与发现的课堂共同体中。（在第二章，你将学到更多关于教师信念和学生技能以及能为这种文化服务的素养。）

虽然不同形式的讨论需要不同的指导方针或基本规则，但是一些期望或规范对所有讨论来说是相同的。有三种类型的规范能支持优质提问：与问题的目的、思考时间和参与相关的规范（Walsh & Sattes, 2011）。这三种类型的规范也能支持为讨论而提问。尽管教师们经常让他们的学生参与创造属于他们自己的课堂规范，下面的一些范例依然能激发读者对于可能性的思考。

为讨论而提问的三种规范

◇ 问题的目的

◇ 思考时间

◇ 参与

与问题的目的相关的规范。 当讨论进行得流畅并且没有漏洞时,教师们和学生们就能明白,一个精心设计的问题能为富有成效的讨论设置范围。这种理解含有三种明确的共识:

◇ 使用焦点问题去激发和开启你自己对于嵌入问题或概念的思考。学生们必须相信他们的老师并没有预先生成的最佳答案或者最佳立场。教师们要注意不能将自己的观点或视角强加于学生。

◇ 利用焦点问题帮助你把注意力集中在对问题的论点或概念的了解和思考上。一个开放的问题不意味着完全的随意。负责的讨论者会用逻辑和证据来支持他们的立场;他们会利用与问题有关的知识和经验。讨论的参与者,包括学生和老师,相互确保对方为参与负责的讨论而负责。教师要提前思考可接受的回答标准。记住我们的建议了吗?

◇ 当你感到好奇、困惑、不清楚或需要澄清时,提出问题。学生们理解讨论是关于猜想、提问以及深入挖掘问题、概念和不同观点的。教师应鼓励学生在参与教学内容和彼此交流时提出自己的问题。

与思考时间相关的规范。 对沉默的尊重是深刻而富有成效的讨论的决定性因素。当学生们理清自己的思路并试图了解别人的想法时,他们能认识到沉默的好处。讨论中的沉默建立在我们所了解的关于"等待时间一"和"等待时间二"的价值上。这两个停顿是由玛丽·布德·罗(Mary Budd Rowe, 1986)提出的,它们在所有提问情境中支持学生思考。"等待时间一"是问问题之后,得到回答之前的停顿。"等待时间二"是一人发言之后,另一人发言之前的停顿。根据罗的看法,每次停顿的最佳时间是三到五秒。讨论中,在这两个时刻停顿是适当的,但是三到五秒的时间长度有时可能并不够。我们认为,讨论的停顿长度应该以三到五秒为下限而不是上限。

其中的关键是让学生理解停顿或沉默的目的:去思考。因此,我们更

Questioning for Classroom Discussion
Purposeful Speaking, Engaged Listening, Deep Thinking

优质提问助讨论
能言、善听和乐思

喜欢将这两个停顿叫作"思考时间",而不是等待时间。以下三个标准为学生提供了关于如何使用这些停顿的明确理解:

◇用思考时间来考虑。当有人向你提出问题或对你所说的话发表评论时,花时间思考这个问题或评论,并思考你的答复。

◇给他人时间考虑。提供时间给那些正在思考他们对一个问题或评价的答复的人。

◇像对待金子一样对待沉默。在讨论中运用沉默去处理别人所说的话,重新考虑自己的立场或巩固思考。

为了让思考时间成为课堂文化的一部分,学生需要学会适应沉默,甚至庆祝沉默。他们现在生活在一个更广泛的文化中,在这种文化中,沉默已经变得尴尬和令人不安。通过讨论,学生可以学习到其实沉默是一种宝贵的资源和相处的方式,因为在沉默创造的空间中,人们尊重思考。

与参与相关的规范。课堂讨论是否有效的一个标志是,在课堂时间内,所有的观点能在多大程度上被他人听到。所有学生在多大程度上轻松地发言?学生是如何鼓励他们的同伴,特别是那些安静或沉默的人来参与讨论的?教师在致力于创造有效课堂讨论的文化时,最大的挑战之一就是吸引所有的学生。在后续章节中,我们会对教师如何在不同形式的讨论中促进公平参与提出建议。下列规则适用于所有情境:

◇在想要发言时发言,不用举手。举手是一个学生难以打破的习惯,但学生需要学会像在课外交谈一样在课堂上进行对话。举手会中断合作思考的流程。

◇互相交谈,而不是跟老师交谈。学生习惯于向老师寻求肯定,然而,讨论的目的是让学生在彼此的想法上建立观点。将学生的课桌排列成允许他们在互动时对视的形式可以支持这种改变。

◇分享你的想法以便其他人能向你学习。这一规则是为了鼓励害羞

第一章
优质提问：深度讨论的核心

或沉默的学生，让他们知道他们的想法是很重要的，而且对其他学生来说是充满潜在价值的。

◇ 监控你的发言以免垄断对话。这是为了提醒健谈的学生，他们应该让别人拥有参与讨论的机会。

◇ 倾听他人的意见，提出问题以帮助理解。这个规则能加强课堂文化，在这种课堂文化中，发散思维能繁荣发展，学生也能建立对那些持不同观点的人的尊重。它还强调问题对于有效讨论的重要性。

◇ 鼓励他人发言，尤其是那些没有参与的人。在一个充满活力的讨论中，学生承担着邀请没有发言的同伴发言，从而使所有人参与的责任。

学生本身不能自动理解这些规范产生的原因，他们也不会轻易地接受它们。其中一些规范是与学生长久以来学会和实践过的学校规则相反的。年轻人必须有机会学习规范产生的原因，并参与特意为此的实践，然后进行反思和反馈。

上面提到的规范对学生来说既不详尽也不一定正确。让学生参与制定他们自己的课堂对话规范非常有价值。重要的是，作为教师，我们要认识到明确规范的必要性。

教师不能挥舞魔棒或发布命令来创造一种支持讨论的文化。但是，他们可以做出示范，为学生应有的观念和行为树立榜样，明确指出和谈论关键的要素，比如尊重他人和他人的想法，承担风险并从错误中学习，尊重思考时的沉默，容忍模糊性，思考学生问题的内在价值，以及其他支持富有成效的讨论的情况。教师知道他们不能独自创造所需的文化；他们需要让他们的学生成为课堂共同体的共同创造者。给予学生发言权、自主权和责任感，对形成理想的文化至关重要，这也是有意义的讨论的本质。

Questioning for Classroom Discussion
Purposeful Speaking, Engaged Listening, Deep Thinking

优质提问助讨论
能言、善听和乐思

优质问题：深度讨论的辅助

　　许多教师认为优质提问意味着提出多个问题并提供反馈。提问的主要用途是控制课堂对话的内容以及学生的参与度。但是，与这种提问方式相关的实践并不适合真正的讨论。

　　有经验的教师能提出支持真正的讨论的问题，它们启动和维持对话，培育并发展学生的思维以及与他人的互动。提问需要规划，但也需要即兴反应，因为教师必须在讨论过程中辨别他们的介入是否会支持或阻碍其流畅性。也许最重要的是，它要求作为教师的我们重新思考我们的传统角色，并把某些本该属于学生的责任转移给他们。

　　掌握优质问题，并利用它们让学生参与真正的讨论似乎是一个有价值但艰巨的挑战。它的确是这样的。而好消息是，这是可以习得的，而且你已经在路上了！

反思和连接

　　为讨论而问要求教师承担起不同于传统课堂的角色。在讨论中，教师通常会：

◇ 组织一个问题以集中讨论，在困惑时才提问。
◇ 克制对每个学生的评论做出回应的冲动，给学生留下互相交谈的空间。
◇ 保留积极的和建设性的反馈，允许学生批判他人的思想和想法。

　　这些做法能让教师们放弃控制，允许学生向他们选择的思维方向思考。
　　你在讨论时采用上述方法是否舒适？
　　这与你平时的做法有多大的不同？

■ 第二章

富有成效的讨论的 DNA：
社交、认知和知识运用技能以及相关的素养

我们如何将不受控制的谈话转变成有纪律的讨论？

在讨论中，学生会认为某些形容词属于正式的、学术的谈话，并与比较随意、不太复杂的对话相区分，而后者是大多数的课堂互动的特点。其中最主要的是对真实讨论的参照，这些术语通常用于区分由对开放性问题的批判性思考驱动的群体谈话和以简单的信息传递与共享为重点的课堂对话（McCann, 2014; Nystrand, 1997）。另一些人主张民主讨论，该讨论旨在引起那些不遵照权威（这里指老师）看法的学生对多样性观点的尊重（Bridges, 1979; Brookfield & Preskill, 2005; Hess, 2011）。这些讨论的修饰词表明，它已被广泛接受为那些乐于表达自己观点和希望听到同伴想法的人之间的互动。

在本章中，我们还小心地使用了其他的形容词来修饰"讨论"，从而为这种类型的学生谈话概念下一个定义。有时，我们指的是遵守纪律的讨论，我们希望表达的是这种谈话遵循一定的指导方针或程序。深度讨论意味着产生于深思熟虑的和有意识的思考的谈话。在上一章中，我们引用了

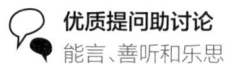

优质提问助讨论
能言、善听和乐思

有意义的讨论来引出一个与学生参与有关并帮助他们对思维材料进行理解的讨论。我们有时谈到合作的谈话，我们认为这是一个学生通过一起思考以促进对一个主题的共同理解的过程。在其他时候，我们提到有目的的讨论，说的是讨论者理解和评估进行一个谈话的理由的重要性。在本章的标题中，我们决定突出富有成效的讨论——这是一种"有所进展"并产生结果的对话，其结果表明将时间投入谈话似乎是值得的。通过使用这些形容词，我们传达我们对课堂讨论的看法，如下：

> 讨论是一个过程，通过它，每个学生以有纪律的方式表达他们的想法。他们通过与他人互动来获得意义，并促进个人和集体对问题的理解。

如果学生要参与这类谈话，那么教师必须培养和发展学生与讨论中四个关键能力相关的思维和行为：社交技能、认知技能、知识运用技能以及相关的素养。本章介绍了一个框架，教师可以用它来思考每种能力会如何影响一组学生的做法和预期。框架的组成项目来源于文献和国家标准，它们描绘了一个含有各种能力的"候选池"，这个"候选池"定义了学生参与和发展讨论能力时教师对他们会有怎样的预期。

我们的猜想是大多数学生不会自己进入使用了我们框架中的技能和配置的课堂。相反，教师在讨论过程中必须致力于有意识地指导。如果学生要学习这些技能，他们必须通过讨论本身进行实践。换句话说，学生要通过讨论学会如何讨论。教师对这一实践的规划可以系统地促进学生技能的发展。

课堂讨论这一严格和高要求的教学方式是否值得花时间和精力由每个教师自己决定。在阅读关于有纪律的讨论所需的学生技能和安排之前，花几分钟时间来反思自己对于讨论的价值的信仰，然后阅读以下内容，这与教师信念有关，而这种信念会影响教师让学生参与讨论的安排。

第二章
富有成效的讨论的 DNA：社交、认知和知识运用技能以及相关的素养

作为讨论基础的教师信念

那些将讨论纳入教学计划的教师认为，讨论能同时起到促进学术和社会/公民权利的目的。然而，要将这种信念转化为行动还存在着许多障碍。其中一个制约因素是个人经验的缺乏，以及由此导致的教学方法模型的缺乏。我们中很少有人能有机会像学生一样参加这样的课堂讨论：

◇教师提出问题以激发和促进学生的思考与互动，而不是获得预定的答案。

◇学生发言占谈话的主导地位，而积极倾听和尊重他人的贡献能通过协同创新产生新的观点。

◇学生与学生谈话的节奏和趋势激发了他们产生想法及其过程的精力和兴奋感。

◇参与者感觉处于一种心流中，时间由此保持静止，就像米哈里·契克森米哈赖（Mihaly Csikszentmihalyi）在他 1990 年的经典著作《心流：最优体验心理学》（*Flow: The Psychology of Optimal Experience*）中描述的那样。

由于缺乏这样的经验，我们可能没有深刻地考虑过这种类型的课堂互动对于学习者的价值以及使其发生的核心信念。其中许多信念与传统课堂对话是背道而驰的，并与教师的两个核心问题有关：控制和时间。

教师对控制的信念

真正的讨论要求教师放弃一部分控制，包括对发言者以及产生思想的内容和顺序的控制。这一行为中隐含着一种风险，即我们可能无法强调或

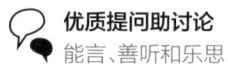

优质提问助讨论
能言、善听和乐思

"覆盖"我们所预料的具体内容或出现我们的观点或解释之外的内容——包括基于错误信息的内容。当后者发生时,我们面临的挑战是揭露证据或推理导致学生误解的原因,而这需要技巧、耐心、交际手段和时间。许多教师对这种与传统角色的背离感到不安,在传统角色中,教师能控制谁发言,能在每个学生发言之前和之后都说几句,能在问题中占主讲地位,并能通过评估其价值或正确性来回应每一个学生的回答。

教师对时间的信念

另一个经常阻碍我们使用讨论的信念与时间有关。例如,老师可能会认为直接告诉学生他们需要知道的知识更有效率。根据这一推理的方法,讨论不仅会花费讲授内容的时间,还在计划如何支持讨论上花费时间。由教学进度指南和高风险考试带来的压力使人们对看起来更曲折的加深和提高学生理解的方式产生了疑问。

思考教师对讨论的信念

如果教师要接受为讨论而提问,那我们需要面对关于时间和控制的问题。由于我们中许多人都没有参与富有成效的讨论的经验,利用这两种方法来加强学生的思考和学习就会变得非常困难。当我们还是学生时,我们参与课堂对话的大部分时间都是在这样一个环境中:老师是所有谈话的支柱,学生们实际上并不相互交流。或者说我们可能参与了不受约束的课堂讨论,这种讨论更多的是分享观点(或者,在某些情况下,是无知!),而不是通过有深度的思想的交流来寻求更深层次的意义。这些经验可能会导致一种看法:讨论是对课堂时间的浪费。

第二章
富有成效的讨论的 DNA：社交、认知和知识运用技能以及相关的素养

我们所有人都将信念建立在由个人经验所得出的推论之上。根据思想领袖克里斯·阿吉里斯（Chris Argyris，1990）的看法，这是合理、正常的行为。阿吉里斯开发了一个反思信仰的有用工具——推论阶梯。在阿吉里斯看来，我们的信仰是从自己的假设中得到的结论或推论中产生的。当我们对从我们的个人经验中得出的信息或数据赋予意义时，这些假设就形成了。以课堂讨论的信念为例，我们可以得出结论，讨论是不值得的时间投资，因为我们关于讨论的经验是负面的。我们概括了我们的经验，并产生了一个假设：大多数的讨论是浪费时间的。久而久之，我们可能会收集更多的数据来证实这一观点，而它最终就会成为一个根深蒂固的信念。（这一理论如图 2.1 所示）阿吉里斯认为，这种做法的问题是，一旦形成一种信仰，我们就倾向于寻找增强它的数据，而不是对那些来自新的经验的不同甚至矛盾的数据保持开放的态度。这就是所谓"自我实现预言"的来源：我们看到的是我们正在寻找的以及我们目前相信的。

7. 我根据我的信念来采取行动。
6. 我接受信念。
5. 我得出结论。
4. 我做出猜想。
3. 我加入了从个人经验中得到的信息。
2. 我在关注的内容上选择"数据"。
1. 我有经验并且通过观察得到有关这个世界的数据。

来源：改编自 *Overcoming Organizational Defenses*, by C. Argyris, 1990, Boston：Allyn & Bacon.

图 2.1　推论阶梯

就教师对讨论的信念而言，这种对证实现有信念的信息的偏好会变成倾向于关注真实性讨论的缺点。例如，如果有人认为演讲和背诵是学生学习的最有效的方法，那么这个人就不会把讨论当作一种有价值的教学模式。阿吉里斯认为，我们可以把梯子作为一种工具来反思目前的信仰来

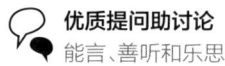

优质提问助讨论
能言、善听和乐思

源,并有意识地坦率面对新情况。如果你的同事似乎不愿尝试这种形式的教学,那你可能需要用这一推理来揭示他们的想法。也许你可以使用本书后面提供的一些例子来质疑他们的假设。

推论阶梯对教师检验自己的信念是非常有用的。这对于帮助学生思考他们怎样以及为什么会有现有的想法也是一个有用的工具。

反思和连接

我们许多人都不愿将真正的讨论并入我们的单元计划,因为我们对学生将重要内容引入对话中的能力没有信心,或者说我们担心学生会使内容向不适当的方向发展。而另一些人担心真正的讨论需要的时间长度。

你在多大程度上关注这些问题?利用推论阶梯,试图找出你担心的来源。在你的课堂中尝试进行讨论,并对可能与现有观点相悖或有助于新观点的数据持开放态度,这会需要什么?

富有成效的讨论所需的能力

再次考虑讨论的概念,它是一个过程,通过它,每个学生以有纪律的方式表达他们的想法,他们通过与他人互动来获得意义,并促进个人和集体对问题的理解。这种观点内在的假设是,学生拥有"以有纪律的方式为他们的想法发声"的能力,而这涉及社交(发言和倾听)技能和认知(思考)技能。这一观点的深层含义是,知识的扩展或深化是这个过程的核心要求。

可以说,富有成效的讨论需要学生在课堂上不一定具备的技能。这意味着教师需要确定学生目前掌握了什么技能,并帮助他们发展缺失的技

第二章
富有成效的讨论的 DNA：社交、认知和知识运用技能以及相关的素养

能。为了帮助老师们完成这个任务，我们可以说把富有成效的讨论置于显微镜下来发现它的 DNA——建立和维持富有成效的讨论所必需的技能和素养。我们确定了三个技能领域（社交技能、认知技能和知识运用）和一个组成部分（与技能领域相关的素养），后者是与技能交织在一起的。图 2.2 所示的框架是我们"基因组定位"工作的结果。它强调了关于讨论和相关素养的各种重要技能或行为。本章的其余部分对以上每一个内容逐一进行讲解。附录 A 包含了三套技能的完整列表。

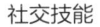

社交技能	认知技能	知识运用	素养
◇发言	◇建立连接	◇基于文本的知识	◇社交的
◇倾听	◇提问	◇先前的知识	◇认知的
◇合作	◇创造	◇经验性知识	◇知识运用

图 2.2　与富有成效的讨论有关的能力

社交技能

就像狄龙（1994）、布里奇斯（Bridges，1979）以及其他学者所认为的，讨论的本质在于其社交维度；它是一群人通过关注一个问题来进行谈话的过程。狄龙认为，讨论的核心涉及三个基本行为的意向性：说、倾听和回应。三个主要技能集可以与社交维度联系起来：发言、倾听和合作。

发言。发言是讨论的先决条件，是一种比"讲话"更正式和有意的沟通方式。发言意味着对沟通形式和内容的注重。一定的发言技能是进行富有成效的讨论的先决条件。以下基本技能与发言者表达和指导评论的方式有关。

◇发言清楚而响亮，让每个人都能听见。

◇当讨论有空缺时说话，不用举手。

◇与同学交谈，和与老师交谈一样。

◇用完整的句子发言。

Questioning for Classroom Discussion
Purposeful Speaking, Engaged Listening, Deep Thinking

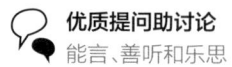
优质提问助讨论
能言、善听和乐思

◇为讨论做出贡献,以便每个人都可以向你学习。

虽然这些技能看起来比较简单,但课堂上的情况往往不是这样的。作为教师,我们必须明确我们对这些行为的期望,并为学生提供伴随着反馈的实践机会。从在学校的第一年起,学生就可以开始学习这些技能。

其他关于发言的技能更依赖于学生对讨论内容的认知程度以及对该内容的思考能力。

◇清楚地表达自己的想法。

◇充分地讲解,以便别人能清楚地理解你的想法。

◇解释以其他格式展示文本或信息的部分。

第二个集合中包含的技能更复杂。他们是基于标准的、学术的技能。大多数学生进入学校时还不能熟练掌握这些技能。教师需要做榜样,提供范例,并提供伴随着反馈的实践机会。讨论是这些技能实践的理想场所。在学生实践和提升这些能力时,那些使他们成为更好的讨论者的技能也得到发展。相应地,课堂讨论的质量也提高了。

倾听。在 CCSS 中,倾听是发言的同伴,而且如果一个讨论即将发生,那它非常关键。就像发言与讲话不同,倾听与听见也不同。像发言一样,倾听需要有意识和深度的思考。通常,当学生看起来聚精会神时,他们只是听见了,而不是真正在倾听。倾听本身是很难被观察到的。在讨论中,倾听的核心技能是,我们的学生通过积极倾听以了解同学的话语背后是什么来揭示发言者的意思。下面的行为指示了学生正在积极倾听。这些都是教师可以为学生做榜样的技能,也是教师可以观察的技能。

◇在一名同学停止发言之后沉默一会儿,想想他说了什么,并将自己的观点与发言者的观点相比较。

◇提出问题,以便更好地理解发言者的观点。

◇在补充自己的想法之前等待一下,以确保发言者已经结束他的表达。

第二章
富有成效的讨论的 DNA：社交、认知和知识运用技能以及相关的素养

◇ 准确地解释另一个学生所说的内容。

◇ 看着发言的学生,并给出表示自己正在关注的非语言提示。

合作。真正的讨论更像是足球比赛,而不是乒乓球或网球比赛。学生试图扩展他们个人和集体的理解,并将彼此的想法建立于其上。当比赛的范围涵盖了所有讨论者,而不是排除大部分学生,挑选少部分人"击球"并在彼此之间往复时,讨论就发生了。在一个成功的讨论中,学生真正参与联合调查、共同审议并相互考虑。因此,除了个人的发言和倾听,讨论还需要学生发展和使用合作的技能。就像发言和倾听的技能一样,一些合作技能如果不是习惯性的,就是相对简单且可以观察到的学生的行为。它们对展开富有成效的讨论同样重要。

◇ "参照"并阐述同学们的评论。

◇ 积极让未参与的同学参与进来。

◇ 非防御性地回答同学的问题。

其他合作技能是更复杂、更难以观察到的,它们似乎有紧密联系在一起的倾向。这些对公民话语来说很关键的技能,也是学生在富有成效地参与我们的民主社会时所需要的。

◇ 对与自己不同的想法保持开放态度。

◇ 积极地理解有不同背景与观点的人,并与他们进行沟通。

◇ 以文明礼貌的方式表示异议。

教师如何帮助学生发展这些对讨论来说很基础的技能呢？教师的榜样功能在这里也很强大。教师可以有意和日常地使用一些鼓励学生发展相关技能的语言,并且引起学生对"讨论者"行为的关注。教师可以使用相同的词干或开场白,如表 2.1 所示,并通过展示要点图或讲义与学生分享。此外,教师可能会问他们的学生会使用怎样的语言,例如当他们不同意别人的观点,同时又想表达对对方的尊重时。

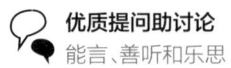

表2.1 帮助学生发展讨论中的合作技能

技能	词干
阐述同学们的想法	◇我想要借用某某同学之前说过的话。 ◇我想以某某同学说的内容为基础。 ◇某某同学让我想起…… ◇某某同学强化了我认为的关于……的内容。 ◇我领会了某某同学说的内容并且想对此进行补充。
积极让未参与的同学参与进来	◇某某同学,我想知道你对此有何想法。 ◇我已经讲了很多了,我很好奇其他人是怎么想的。
回答同学们的问题并进行非防御性的反驳	◇你提出了一个好问题。以下是我如何进行思考的。 ◇我来阐述一下我的想法。你可能不赞同我,但是我想让你理解我的观点。
对与自己不同的想法保持开放态度	◇虽然我没有从这个角度想过,但是我认为…… ◇这不是我正在思考的内容,但我想听到更多关于你是如何站在这个角度的想法。 ◇我曾经从与你不同的角度思考,但是现在想要停下自己的判断并听取从你这种角度思考的其他人的意见。
积极理解不同的观点	◇你能再告诉我一些关于你的观点的内容吗? ◇你与我的思考角度不同,你能帮我理解一下是什么让你这么想的吗? ◇我对某某同学所说的内容产生了一个疑问:(提出问题)
以尊重的方式来表达反对	◇我尊重某某同学说的,但我想要展示一个不同的看法。 ◇我从不同的角度来思考这个问题,并且也想把我的想法加入其中。 ◇也许我们需要接受异议,但是我想知道我们对这个词语的定义或意义的理解是不是相同的。 ◇我听了某某同学说的。我想要提供一种不同的解释。 ◇我已经听过很多不同的观点。我想要补充另一种观点。

第二章
富有成效的讨论的 DNA：社交、认知和知识运用技能以及相关的素养

认知技能

学生一定要为了发言、倾听和带着合作意向来思考。然而，当学生以复杂的认知方式接触与讨论问题相关的知识时，讨论就会促使他们进行更深入的思考。讨论是一个舞台，在这里，学生必须使用更高层次的认知技能来发展或提高理解，完成判断或创造新的思维方式。

大多数教师认为认知加工技能代表了目前学生对新标准的掌握的最大挑战，无论这些新标准是 CCSS 还是其他现行国家标准。正是出于这个原因，在 CCSS 中，重要的认知技能通过读写能力的三个要素加以重复：阅读、说和倾听、写作。例如，所有三个要素的锚定标准要求学生能整合和评估信息：

◇阅读：整合和评估以不同的媒介与格式展示的内容，包括视觉上的和数量上的，以及文字的。（CCSS.ELA–Literacy.CCRA.R.7）

◇说和倾听：整合和评估以不同的媒介与格式展示的信息，包括视觉上的、定量的和口头的。（CCSS.ELA–Literacy.CCRA.SL.2）

◇写作：收集来自多个印刷和数字资源的相关信息，评估每个资源的可信度和准确性，并整合信息，同时避免抄袭。（CCSS.ELA–Literacy.CCRA.SL.2）

在发展学生评价、整合和综合信息的技能的过程中，教师可以将学生的阅读作业纳入给定的讨论计划，并将写作作业与阅读和讨论联系起来。讨论是涵盖了读写能力三个组成部分的认知技能的实践领域。例如，教师可以使用文本来指出作者是如何整合和评估资源的，然后要求学生在一份简短的书面作业中使用相同的操作来为课堂对话做准备。然而，只有在讨论的实践中，学生与同学交流并思考一个重要问题时，他们才能真正体验到"评估"是一种怎样的感觉。一个精心策划的讨论可以让学生参与真实的对话，这种对话要求他们评估的不仅是文本，还有其他人的想法。讨论

优质提问助讨论
能言、善听和乐思

还允许学生在他人的思考上建立思考,以更好地综合观点。在讨论之后,学生往往能够更好地独立评估和整合书面与现实情况中的信息。

要参与讨论并维持讨论所需的思考,学生必须承担三种不同类型的认知操作:建立连接、提问和创造。

建立连接。我们将建立连接定义为学生在挖掘深意时的思考并且:(1)将他们的想法与别人的联系起来;(2)将他们的先验知识与讨论的焦点联系起来;(3)将他们的个人经验和知识与一个特定的文本或其他来源联系起来;(4)连接或集成两个或两个以上的来自不同的文本或其他来源的想法。当然,这样的例子还有很多。许多与建立连接相关的认知技能都出现在了 CCSS 和国家标准中。教师可以帮助学生理解,建立连接是思考和讨论的重要组成部分。与建立连接相关的一些关键认知技能包括以下内容:

◇ 识别自己和他人的想法的异同。

◇ 将先验知识(学术的和个人的)与讨论的主题联系起来。

◇ 提供理由和文本证据来支持自己的观点。

◇ 分析和评估不同来源的信息。

当学生建立连接时,他们会扩展和深化自己对讨论所包含的核心概念的理解。

提问。学生的提问对一个生动、有深度的讨论来说是必不可少的。没有学生提问,就没有共同的或共享的探究。没有学生提问,就没有学生有好奇心的真正证据。在一个有深度的讨论中,学生将问题指向三个来源:讨论的内容或重点,其他讨论者,以及自己。首先,他们的问题表达了自己对正在讨论的问题或话题的困惑或好奇。例如,他们可能对原始材料或自己的校外经验有疑问。其次,他们互相提问,同时也倾听和试图理解他人的立场或观点。最后,他们可能会质疑自己的一些信仰或立场。有思想的

第二章
富有成效的讨论的 DNA：社交、认知和知识运用技能以及相关的素养

讨论者需要发展以下与提问相关的技能：
◇ 提出问题以澄清和更好地理解主题或文本的实质。
◇ 提出问题以确认发言者的假设。
◇ 提出问题以澄清论点或结论背后的思考或推理。
◇ 展示自己的假设并对其提问。
◇ 在好奇时问问题。
◇ 问"如果……会怎样"的问题，以促进思维的发散。

第三章和第四章讨论了教师如何通过示范，提供支架和指导来支持学生发展这些技能，还提供了教师和学生可以使用的工具。（特别是表 3.3）

创造。当学生互动引出了新的见解、理解、解释或解决方案时，讨论的最高形式出现了。这种创造性的思维建立在坚实的建立连接和提问的基础上。它不是凭空出现的，而是在学生们建立连接和提问时产生的深刻理解和评价中出现的。如此产生的想法往往与学生在讨论中经常表达的"观点"明显不同。创造性要求学生运用具有 CCSS 特色的"整合"技能。知识的整合或综合通常是创造的先决条件。它支持了突破性的思考，这种思考能引出看待主题或问题的新方式。

讨论提供了一个环境，让学生可以通过协同工作将思想编织在一起以创建新的模式。合作思维是创新的关键。沃尔特·艾萨克森（Walter Isaacson, 2014）强调发展"合作精神"在数字时代的重要性。当学生在课堂上一起思考时，发展合作精神对学生学习同样重要。

创造性依赖于认知能力，这种认知能力使学生能超越文本或其他信息来源中的"既定事实"。在讨论中，创造性动力的特点包括以下品质：
◇ 从来自不同发言者的、能把谈话带向更深层次的想法中得出推论。
◇ 整合多个来源的信息以产生新的思考方式。
◇ 在听取同学的新解决方案或解释时暂时停止评价。

优质提问助讨论
能言、善听和乐思

◇为构建协作解决方案做出贡献。

当学生使用上述社交技能时，他们发展和完善了在这一节中列出的认知技能。正是社交和认知技能的结合，为围绕某个特定话题的问题展开讨论提供了机会。知识为学生提供了这个过程需要的基本原料。

知识运用

我们设想的课堂讨论并不是许多人经验中的观点分享，相反，这是一个有纪律的对话。在这里，学生们能练习与发言、倾听和合作相关的技能，并使用适当的认知技能来处理与正在讨论的问题相关的知识。一个强有力的讨论需要参与者进入一个多元化的、深厚的知识库。我们确定学生提出了一个共同的问题时，可以借鉴三个知识领域：基于文本的知识、先前的知识和经验性知识。

当教师提出将学术知识和个人世界观整合起来的要求时，讨论为学生提供了一个珍贵的机会以连接这三个领域的信息。此外，它提供了一个让学生可以利用这些知识来深化他们对文本的理解的舞台。通过这种方式，讨论成了一个实验室，在这里，学生努力解决和"测试"个人与集体对一个共同问题相关知识的理解。以下技能适用于知识的三个领域：

◇力求陈述事实的准确性。

◇引用信息来源。

◇评估信息来源的可信度。

◇把评论与讨论的主题或问题联系起来；不脱离话题。

仔细选择讨论前的阅读或研究任务可能是教师可以采取的最重要的步骤，因为它们能协助学生在讨论中提高获取知识、使用知识的能力。在第三至五章，我们会在讨论规划阶段提到讨论前布置任务。当学生和教师以共

第二章
富有成效的讨论的 DNA：社交、认知和知识运用技能以及相关的素养

同阅读的形式分享讨论的共同点时，他们的对话可能会更加紧密地联系在一起。这不妨碍学生在讨论之前进行自主研究；不过，我们认为，在讨论之前，所有讨论者应阅读与焦点问题相关的至少一份相同的资料。如果我们不能让学生为准备工作负责，那对话就有可能陷入困境或偏离方向。知识为一个讨论确立中心，同时，共同的知识为不同的解释和观点提供了出发点。

教师对知识使用的期望或技能的回顾是其在讨论之前提供的第二种支持形式。在我们看来，我们确定的四项技能是普遍的。它们对学生的所有发展阶段都是合适的，而且它们在所有学科的所有讨论中都很重要。它们是值得被张贴出来的，或许可以贴在要点图上，使它们保留在学生和教师意识的最前沿。

表 2.2 提供了教师在讨论中可以用以支持学生熟练运用知识的词干和提示。在讨论时，学生在学习承担起支持和互相监督的责任时，也可以参考这些词干。

表 2.2　为学生发展在讨论中使用知识的技能搭建支架

技能	词干和提示
力求陈述事实的准确性	◇我想知道你是在哪里找到这些信息的。
	◇你能重复让你得出这个(结论、解答)的(事实、事件链、步骤等)吗？你好像遗漏了一个步骤。
引用信息来源	◇我想要知道……的来源。
	◇你是从哪里找到这个信息的？
评估信息来源的可信度	◇关于这个信息来源，你能说点什么吗？
	◇谁是这篇文章的出版商？或者说谁是这个网页的主办方？
	◇谁是这篇文章的作者？对于他们，你知道什么？他们有什么资历？或者说什么机构支持这项工作？关于这个机构，你知道些什么？

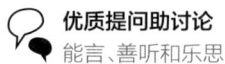

优质提问助讨论
能言、善听和乐思

续表

技能	词干和提示
评估信息来源的可信度	◇是什么让你对这个出版物、网页和信息来源充满信心？
	◇这是篇学术性文章吗，还是说这是从大众媒体获得的？
	◇作者在多大程度上展现了对于这个话题的客观而公正的叙述？
	◇这些网站（或出版物）是什么时候更新的？所有的信息都是准确无误的吗？
把评论与讨论的主题或问题联系起来；不脱离话题	◇我们刚才已经讨论了……你们能把自己的意见与这个话题联系起来吗？
	◇我不能将你们的评论与我们讨论的核心问题联系起来。我想要进一步了解你的看法。
把多重来源的证据整合到讨论中	◇你已经提供了从某一来源获得的有关信息，你能把（其他作者）的想法与你刚刚说的联系起来吗？
	◇你将怎样把你关于……的想法与你的论据联系起来？
使用与讨论主题和核心问题有关的信息	◇（讨论的或提出的想法）是如何与我们的核心问题联系起来的？
	◇我对你们是如何将意见与核心问题（或先前提出的一个想法）联系起来的很感兴趣。

通过运用提示来为这组技能搭建支架是一项精巧而必要的任务。在第一章中，我们认为教师的反馈会阻止学生思考和讲话，打破学生与学生谈话的节奏。当教师给予反馈时，教师就从学生那里掌握了控制权，并且至少在学生眼里，他们又成了"专家"。因此，为知识使用的技能搭建支架要求教师在支持学生和提供直接的纠正性反馈之间把握好分寸。

例如，当学生从一篇极具偏见的文章中提取信息时，指出他们使用了不恰当的信息来源很容易；然而，让学生反思自己的信息来源并学习如何评估它们更有成效。因此，我们建议使用诸如表 2.2 所提供的评论或问题。

第二章
富有成效的讨论的 DNA：社交、认知和知识运用技能以及相关的素养

这是一个精巧的工作，需要大量教师技能和判断力。

同样，当一个学生的评论使讨论向一个无效的方向发展时，教师很容易简单地强调"你的意见脱离了话题"。乍一看，这个学生的意见似乎与讨论完全无关，但是，当被给予机会发展这一意见时，学生和其他同学可以联系到正在讨论的主题，或证明此评论是合理的，可以作为当前或未来的讨论的沃土。或者说，其他学生也可以向发言者就评论与讨论的关系提问。在适当情况下，教师可以有礼貌地邀请学生反思他们的陈述，并考虑这些陈述是否以及如何能与讨论的焦点联系起来。

学生被期待对所有讨论桌上的信息运用四种要求或技能，除此之外，每个知识领域都有其独特的条件和要求。学生需要理解多种不同领域的知识是如何潜在地促成讨论的，同时他们也要理解教师对不同知识领域的期望。

基于文本的知识。当前标准的一个特点是强调学生理解、分析文本并进行推论的能力，同时在发言和写作时利用文字证据来支持他们的立场。教师也正在越来越多地规划和促进这类讨论，在这类讨论中，学生获得了一个文本，并能向其他人指出与他们进行讨论的内容在哪一页哪一行。同样，学生可以对一件视觉艺术品、音乐作品或其他领域的作品进行类似的分析，以找出支持他们观点的证据。在讨论过程中有效地分析和提取文本或其他资源的能力要求学生具备许多技能。

◇ 通过参考文本和相关研究或其他媒介（例如，视觉艺术品或音乐作品）来显示对讨论的认真准备。

◇ 引用文本或其他来源的具体证据。

◇ 将来自多个文本或来源的证据整合到自己的论证中。

◇ 使用学术词汇和学科话语。

先前的知识。讨论为教师和学生提供了机会，将不同学科或以前学

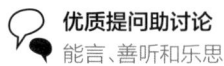

优质提问助讨论
能言、善听和乐思

习的知识与从指定文本中收集的信息联系起来。这是一个很有价值的能力，因为每学期甚至每天，学生在学校里都是从一个单元到另一个单元，从一个学科到另一个学科地学习，可以说学习对学生来说是支离破碎的（Perkins，2010）。如果学生要发展自己的思维框架和思维方式，他们需要更多"把这些碎片拼起来"的经验。讨论的一个主要目的就是为学生提供一个舞台，让学生能以有意义的方式来整合信息，从而发展更全面的世界观。根据特定讨论的目的和框架，教师可以鼓励学生从单个学科、两个学科和多个学科间汲取灵感。教师提出问题进行讨论的方式可以鼓励或阻碍这种联系的建立。再次说明，必须向学生明确我们对他们在这方面的期望。

◇从先前学习的学科领域获取相关信息。
◇从其他学科领域获取相关信息。

经验性知识。学生很大一部分知识基础是由其在学校以外的场所获得的信息组成的。讨论是一个可以让学生将学术知识与"现实生活"联系起来的场所。当学生在讨论中加入这类信息时，他们能够更好地理解学校学习与现实生活的相关性。当把这类信息置于优先位置时，学生能够判断其与所讨论问题的潜在贡献的相关性和适当性显得特别重要。

◇介绍来自学校外的相关信息。
◇反思并评价对于所讨论问题的个人信念或立场。
◇把当前的社会、经济或文化现象与讨论关注的学术内容联系在一起。
◇评估信息是否适合课堂。

支持富有成效的讨论的素养

对进行充满活力、富有成效的讨论来说，学生仅仅有技能是不够的，

第二章
富有成效的讨论的 DNA：社交、认知和知识运用技能以及相关的素养

某些具体的素养也会发挥作用。如果技能是讨论的阴面，那么素养就是阳面。

素养的简单定义是"以特定方式思考或行动的倾向"。科斯塔和卡利克（Costa and Kallick，2014）认为思维素养是"趋向于智力行为的特定模式的倾向"（p.19）。他们在自己的思想中引用了保罗·恩尼斯（Paul Ennis）的内容，认为"素养需要有思考地练习。换句话说，在适当的条件下，素养不是无意识的"。

素养不能被想象出来，它们必须被明确地教给学生。反过来，学生们在与他人以及环境互动时，必须注意自己的素养。

确定讨论的意向。狄龙（1994）在他的经典著作《在课堂教学中使用讨论》（*Using Discussion in Classrooms*）中定义了他认为对讨论非常关键的"道德素养"："合理性、和平、有序、真实、自由、平等和对人的尊重"（pp.9-10）。此外，狄龙还提出了对成功进行讨论来说至关重要的其他智力品质，如"尊重他人的意见"、响应能力、审慎性、反思性和证据（pp.10-11）。最重要的是，也许他专注于"讨论的素养……与他人讨论事情的基本意愿"，其中"包含了一系列其他情绪或态度，如开放思想、合理性、尊重他人意见等"（p.45）。

科斯塔和卡利克（2014）称确定了12种基于研究的素养。我们可以想象，这12种素养对富有成效的讨论来说都很重要：坚持不懈；控制冲动；提出疑问；寻找令人惊奇和敬畏之处；怀着理解和同情来倾听；利用先前的知识并将其应用于新的情境；敢于冒险；承担风险；创造、想象和创新；追求技术；使用清晰准确的语言；元认知（对思考进行思考）。

倡导讨论的其他作者也表达了对类似的素养的需求（Brookfield & Preskill，2005；Hale & City，2006；Haroutunian-Gordon，2014；McCann，2014）。表 2.3 呈现了我们认为对任何年级和领域进行成功的讨论来说都至关重要的素

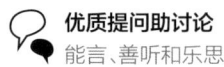
优质提问助讨论
能言、善听和乐思

养。当我们对这些素养进行分类时,我们发现它们能被很好地分为三类,而这三类分别反映了三种技能领域。

三组技能与三类素养之间的关系绝非偶然。如果学生有意去发展一种特定的技能,他们必须有以那种方式去做的潜在倾向。当我们教授学生特定的技能时,我们也可以教他们相应的性格。

当你进一步研究表2.3时,你可能还会注意到部分素养与某些技能是一致的。例如,积极倾听既表现为技能,也表现为素养。正如之前所说,积极倾听不能被直接地观察到,只能观察到一些线索,例如学生们在进行眼神交流、记笔记或以其他非语言的方式传达他们的兴趣。我们认为,首先要有积极倾听的素养(对此我们只能推测),然后才能实施与积极倾听相关的具体行为。同样,我们既将思想开放作为一项社交技能,又将其视为一项素养。与积极倾听一样,在相关技能行使之前,必须具有对不同观点持开放态度的倾向。由于类似的原因,力求精确(隐含在许多与知识相关的指标中)也被同时列为技能和素养。

表2.3 与富有成效的讨论相关的素养

	素养	在讨论中的表现
社交的	积极倾听	学生们认真倾听并理解其他人的观点,他们有兴趣地看着发言者,思考发言者在讲什么,并通过提问了解他们一开始可能并不理解的观点,以赶上讨论的进度
	思想开放	学生们倾听他人,然后带着对他人观点的真正兴趣提出问题,他们对于一个话题的继续学习持有开放态度
	控制冲动	学生们在说话前进行思考。他们暂时停止评价,并反思他们最初的反应。他们尝试揭露所有的证据,并且完整地倾听发言者的理由

第二章
富有成效的讨论的 DNA：社交、认知和知识运用技能以及相关的素养

续表

素养		在讨论中的表现
认知的	毅力或坚持	当遇到一个困难的话题时，学生们不会放弃；相反，他们更努力并"坚持到底"，更深入地思考并与同学们进行互动，从而加深理解
	合理冒险	学生们在思考中是乐于冒险的。他们愿意走出划定的范围，提出对问题新的解答或引入一个研究的新话题。他们不畏惧开拓有关思考和学习的新领域，他们知道，我们都是从错误中学到更多东西的
	思考的灵活性	学生们愿意去"尝试"不同的思考方式和不同的观点。他们对别人的思想持开放态度
	合理性	学生重视证据与逻辑，他们按照这个标准提出自己的思考，试图发现同伴所持立场的证据和逻辑
	深思熟虑	学生们重视用于思考难题的时间以及自己在讨论中的立场，还有他们思考和发言的质量
知识运用	力求精确	学生们提供或寻找证据来支持他们的结论。他们反思自己的想法来进行自我评估和自我纠正
	将先前的知识运用于新情况	学生激活先前的知识，并将其运用于新情况

发展适用于讨论的学生素养。与那些写到过讨论的人一样，我们也确信共有的素养对富有成效的讨论来说是必要的。下列指导方针可以帮助教师确定哪种素养对自己和学生来说是比较重要的，以及如何帮助学生发展思维习惯。

◇确定一些你认为在你的学生形成一个讨论共同体时最重要的素养。开始时，我们建议素养的数量为三到五个，具体则取决于该组的年龄和成熟度。你可能会考虑随着团队的成长将如何逐步涵盖更多的素养。

◇明确学生在"什么"和"为什么"方面的素养。帮助学生体会到当他们与他人交谈（和向他人学习）时，以特定的方式进行思考和行动的重要性。

49

优质提问助讨论
能言、善听和乐思

◇每次只介绍一种素养,为学生创造学习学术词汇的机会,并且对一种素养看起来、听起来、感觉是怎样的开展小型讨论。

◇公布这些素养。设置挂图或要点图来展示这些素养——或者让学生动手来做这些事。

◇有意地为每种素养做示范,并且在示范时说出其名称。例如,你可能会说,"我很难不提前打断别人,因为我真的想说出我的想法。但我知道,控制自己的冲动、在说话之前进行思考以及等待别人完成是很重要的"。

◇鼓励学生在讨论之后就议定的素养的使用情况进行自我评估,并思考这种思维方式是否以及怎样才能变得越来越自然。

◇定期评估学生在哪里使用了各类议定的素养。确定是否需要添加或以其他方式修改给定类别的素养。

常见的素养和表2.3中特定的素养都是讨论的好主题。我们可以设想,让两人一组的学生"提出一个案例"来说明为什么特定的素养对富有成效的课堂对话很重要。最初的讨论可能在每一组之间。然后,每一组学生可以与集体分享他们的想法,并可以邀请其他学生回答问题或进行评论。

向有纪律的讨论进发

学生通过运用富有成效的讨论所需的多种技能——社交技能、认知技能和知识运用——以及相关的素养,使他们能参与一个切题的、有意义的、重要的讨论。当学生收到关于这些技能和素养的明确指令,当教师提出一些有质量的问题来吸引学生的注意时,讨论就成了一个充满活力的方式,它能使学生加深对学术知识的理解,并在达到国家标准的同时获得重要的生活技能。我们对富有成效的讨论的愿景是,学生能像陶工合作塑造

第二章
富有成效的讨论的 DNA：社交、认知和知识运用技能以及相关的素养

黏土一样将知识塑造出复杂的、漂亮的形状。讨论的魔力在于教师永远不会知道学生将会塑造出什么形状和颜色的作品。

我们不能假定学生已经有了能完成这项工作的知识、技能或素养，同样也不能认为这些内容无法通过学习得来。它们需要时间来逐渐发展。教师通过引导学生参与各种教师指导的讨论、结构化小组讨论以及学生自主讨论的模式，促进学生形成新的看法和表现。接下来的三章将探讨这些讨论形式。

尽管我们把这里提到的技能和素养称作富有成效的讨论的 DNA，但是我们不能断言这个纲要就包含了所有要素。我们也不认为所有的技能和素养就适合所有的领域和年级。教师需要利用专业的判断来选择最适合某个特定语境和自己的学生的内容。

> **反思和连接**
>
> 思考本章中提出的三组讨论技能：社交技能、认知技能和知识运用。
> ◇考虑到学生的年龄和发展水平，你认为哪一组技能对他们来说是最好的起点？
> ◇你认为哪一组技能对你的学生来说在学习和练习时可能是最具有挑战性的？
> ◇与同事合作确定哪些技能是你们学校的学生应该关注的，会带来哪些好处？

■ 第三章

教师指导的讨论：
教师在讨论的五个阶段进行辅导

我们怎样有意地、明确地示范技能和素养，为思考提供支架，以及指导学生有效参与讨论？

在教师指导的讨论中，教师有策略地吸引和指导学生参与课堂对话，从而加深学生对内容的理解。在教师指导的讨论中，学生通过学习，发展和完善富有成效的、有纪律的讨论所需要的技能。

教师的意向性和明确性是一个高效的教师指导的讨论的关键。意向性是指在教师指导的讨论中，教师决定哪些讨论技能将成为学生发展的重点。当他们在课前为讨论做准备时，教师会做出这项决策。他们深思熟虑后决定，当讨论展开时，他们在什么时候示范什么技能。明确性指的是教师与学生"大声思考"，因为他们有意地突出某些技能、素养，使得富有成效的讨论进行下去。在讨论开始时，教师要告诉学生他们将要运用哪些讨论技能，以及为什么这些技能对于有纪律的讨论很重要。在接下来的讨论中，教师会不断地提醒学生注意这些技能和相关的素养，以维持富有成效的互动。当教师具有意向性和明确性时，他们会通过做示范、搭建支架以及指导来教授学生有纪律的讨论所需的社交、认知和运用知识的技能。

第三章
教师指导的讨论：教师在讨论的五个阶段进行辅导

做示范、搭建支架和指导

对发展上一章中所提到的技能和素养来说，做示范尤为重要。例如，那些有意聚焦于积极倾听和控制冲动的素养以及与积极倾听相关技能的教师，可能会罗列出这些素养和技能给学生看。在讨论中，长时间的沉默之后，教师可以在帮助学生理清思路时让他们参考以下内容：

> 我利用你发言结束后的沉默时间来思考你所说的话，并将其与我的想法进行比较。我在对别人所说的内容做出回应之前进行等待，以便我能更好地思考那个人的观点，以及确定自己是否理解了他的想法，或者是否需要提问来理解他的本意。你们知道在其他发言者表达完自己的想法之前，防止我将自己的想法脱口而出有时是困难的。但当我记得要沉默一会儿时，它能提醒我积极倾听并且帮助我控制冲动。

这种类型的教师示范通常不是自发的，需要事先考虑。我们建议，作为计划某一讨论的一部分，教师要明确关注几项数量有限的技能。在讨论期间，教师可以特别注意对这些技能进行示范，并且非常明确地告诉学生他们在做什么。

教师日常性使用支架来发展学生对学习内容的理解和掌握。在教师指导的讨论中，有时是适合对知识和技能搭建支架的；然而，为讨论技能搭建支架才是我们这一章的重点。当教师通过修改他们的问题或评价以提升学生的思维时，他们就是在为学生使用一个或多个专业的认知技能搭建支架。例如，假设某节课主要专注于以下认知技能：提供理由和文本证据

Questioning for Classroom Discussion
Purposeful Speaking, Engaged Listening, Deep Thinking

优质提问助讨论
能言、善听和乐思

来支持自己的观点。进一步假设,一个学生刚刚就一篇短篇小说中人物的道德问题发表了自己的看法。教师搭建的支架可以很简单:"你似乎认为约翰是不诚实的。我对支持你这个观点的文本证据很感兴趣。"教师指着在黑板上展示的认知技能,并继续说,"在这个故事中,你是从哪里找到证据来支持你说的关于约翰不诚实的观点的?"与做示范一样,教师在提供这种支持时是具有意向性和明确性的。教师提供支架是在讨论中维持个人和群体思考与发言的核心实践。在本章后面的部分,我们提供了多种可供选择的教师行为来搭建支架,进而维持讨论。

做示范和搭建支架是教师帮助学生成为更有效的参与者的宝贵方法。尽管这些功能也与指导有关,但是指导包含的内容要多得多。在学生学习讨论技能的过程中,有时是很有必要停止滔滔不绝的对话,花点时间对特定的技能进行直接指导的。设想一个三年级老师介入关于《夏洛的网》的课堂讨论,他询问学生对阿拉贝尔先生把威尔伯转移出去的动机是怎么看的,以及与其他同学的看法有什么不同。当一个学生回答"我觉得我有一点同意,又有一点不同意"时,老师问:"你同意的部分是什么?"学生耸了耸肩膀。老师又邀请其他同学回答。他们都保持沉默。此时这个班正在进行一项认知技能训练:识别自己和他人想法的异同。

老师介绍了一个信息组织图来帮助学生将他们的思想可视化,引导学生阅读文本,提示他们找到与阿拉贝尔先生的动机相关的参考文字。在老师的指导下,这个班完成了信息组织图,把支持原来发言者立场的文本证据放在一个框中,把可以用来支持另一个不同观点的证据放在另一个框中。老师又重申了原来发言者对阿拉贝尔先生动机所持的立场并且要求全班同学谈论自己的想法。三个学生对此作答。当谈话结束时,老师让全班同学回想一下,在思考阿拉贝尔先生的动机时,使用信息组织图来分析异同点,是如何推动讨论进行的,又是如何帮助他们理清关于这部分故事的思路的。这种类型的教师干预类似于教练在比赛过程中要求暂停，为球员提供具体的指导，以提升他们的表现。

学生在学习如何用富有成效的方法就学术内容与他人互动时，具有意向性和明确性的教师示范、搭建支架以及指导对学生来说都是非常宝贵的。对年轻的学生和刚开始参加讨论的人来说尤为如此。如果我们这些教师要在培养学生讨论技能的过程中扮演"大师"的角色，我们需要相信，强调特定的素养，主动规划我们指导的讨论，从而引导学生进入这种形式的对话，是有价值的。

关键的教师思维习惯

为了参与富有成效的讨论，所有参与者都需要具有某些特定的素养。教师要为这一章中提到的学生所需的素养积极地做示范。此外，教师需要采取一定的思维习惯，从而展现出那些他们希望学生发展的态度和行为。以下四种思维习惯是至关重要的。

欣赏式倾听

欣赏式倾听意味着积极地倾听以理解发言学生的思维，同时能感同身受地将之与发言者话语背后的感情联系起来。为了做到这一点，教师必须允许学生的评论获得每个人理解其含义所需的时间和空间。沉默或者"思考时间"扮演着重要的角色。当评论的性质受到发言者的情绪影响时尤其如此。对言语和情感给予关注能使教师做出适当的反应——能确保宽容或者化解潜在的负面情况。

Questioning for Classroom Discussion
Purposeful Speaking, Engaged Listening, Deep Thinking

优质提问助讨论
能言、善听和乐思

教师不仅通过给予关注展示欣赏式倾听，而且通过记住学生的具体贡献来做到这一点，这样他们就可以在之后（在讨论中，或者在提供正式的或非正式的反馈时）提及。

重视学生的贡献

欣赏式倾听是向学生传达我们重视他们思想和贡献的第一步。然而，重视还包括对那些试图为讨论做出积极贡献的学生真诚的尊重。我们通过目光交流、点头或其他的方式来表明我们与学生及其思想的密切联系。此外，即使是帮助学生解决一些他们考虑不周的问题时，我们也要尊重他们的意见。

集中的思考

当我们关注学生时，我们必须把焦点问题（以及它将达成的学习目标）放在我们思考的首位。这非常重要，特别是如果我们想要保持讨论的完整性和连贯性以及为在课堂讨论中的"真实时间"提供巧妙的支架。教师还会希望将目标性技能作为自己和学生注意力的中心。

公正的立场

客观、公正地回答学生的意见，既不偏袒也不否定个别学生，并鼓励每个人都参与讨论。假设客观立场的策略之一是保留反馈，除非学生使用错误的信息或错误的推理。因为教师在课堂上扮演的传统角色是专家和权威人物而不是教练或导师，所以积极地传达公平的立场对鼓励学生参与讨论是必要的。

如果没有这四种思维习惯——欣赏式倾听，重视学生的贡献，集中的思考以及公正的立场——教师将既无法点燃讨论的火花，也没有能量去维持它。这些习惯构成了培养真实讨论的思想形式。当它们引导我们与学生的互动时，学生更容易接受我们期望他们发展的富有成效的互动所需要的素养和技能。

讨论循环：教师指导的讨论的框架

一个优质的讨论不会凭空出现。它们发生是因为教师做的计划以及学生做的准备。当教师引导学生发展富有成效的讨论所需的技能和素养时，系统的规划可以使他们具有意向性和明确性。为了计划并指导一个成功的教师指导的讨论，教师需要考虑讨论过程的五个不同阶段。（参见图 3.1）

这些阶段在结构化小组讨论和学生自主讨论以及教师指导的讨论中都很重要。不过，出于对意向性和明确性的需要，教师指导的讨论的规划内容更为广泛，尤其是在维持阶段。

准备

准备一个富有成效的课堂讨论涉及五个关键任务。前四个会影响学生互动产生的想法的内容和质量。最后一个是组织性的，可能会影响互动本身的质量。

构建讨论的焦点问题。 焦点问题的质量是讨论质量的重要决定因

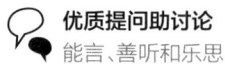

图 3.1 讨论过程的阶段

素。因此,为教师指导的讨论做准备的首要任务是构建一个能推动讨论的焦点问题。这就需要仔细考虑问题的内容和形式。在第一章中,我们研究了教师构建高品质焦点问题时可以采取的步骤,强调了那些围绕复杂而有争议的、足以激起学生深层思考兴趣的话题来构建问题的重要性。另外,学术概念的重要性和其与学生群体密切相关的程度都对所构建的问题在讨论中起作用很关键。这里提出的问题有助于构建一个强有力的焦点问题。

第三章
教师指导的讨论：教师在讨论的五个阶段进行辅导

> **构建讨论的焦点问题**
>
> A. 问题或关键概念
> 1. 这与什么标准有关？
> 2. 这个问题是否需要多个角度或观点？
> 3. 学生是否具备思考这个问题所需的广度和深度？
> 4. 这个问题会以什么方式吸引学生？这个问题是否与学生的兴趣相关？为什么它似乎对学生来说很重要或者联系很密切？
>
> B. 问题的措辞和结构
> 1. 这个问题包含哪些学术词汇？
> 2. 什么动词将激发所需的深度思考？
> 3. 设置情境的序言，比如开场白，能帮助集中和激发学生的思维吗？如果能的话，那会是什么样？

确定要聚焦的技能和素养。在某一讨论中，对社交、认知和知识运用技能的目标数量做出限制是至关重要的。关键的标准是：基于以前的课堂对话的形成性反馈来看，学生当前的能力水平如何？在某一讨论中，使用这一工具来帮助确定最适合目标学生群体的技能和素养。（详见第二章关于各种技能和素养的内容）

> **选择讨论技能和素养**
>
> A. 社交技能。考虑你的学生当前在发言、倾听和合作思考方面的水平。如果你们班大多数学生还没有掌握这些基本的社交技能，那么这次讨论的主要焦点应该是社交技能。如果大多数学生已经掌握了核心

优质提问助讨论
能言、善听和乐思

社交技能,那么选择其中的三种(以及其他类别中的目标技能)进行复习和强化。

1.
2.
3.

B. 认知技能。查看焦点问题以帮助你决定将哪些认知技能作为目标。考虑:(1)焦点问题中的动词;(2)学生可能的反应。选择数量有限的认知技能,并准备好通过大声思考来做示范。

1.
2.
3.

C. 知识运用技能。查看焦点问题以帮助你决定将哪些知识运用技能作为目标。例如,焦点问题是否要求学生整合来自其他学科或校外的经验,或访问和评估多个来源的信息?

1.
2.

D. 素养。选择加强特定技能的素养。准备好帮助学生理解该素养与相关技能之间的联系。

1.
2.

　　为学生选择和分配文本阅读或其他讨论前的准备工作。富有成效的讨论源于学生在获取和使用相关知识时对问题的思考。无论什么话题或领域,学生都需要通过钻研相关知识基础来加以准备。通常情况下,教师也许会利用精心挑选的在线资源,指定学生阅读一篇文章或研究一个主题。在讨论之前，教师也可能让学生对所提出的焦点问题以书面形式作答。在其他时候，教师可能会要求学生提出与讨论的话题相关的问题，或与讨论基于的文本有关的问题。为了能恰当计划讨论前的准备工作，教师将需要考虑讨论的问题或话题、学生的年龄和发展水平以及学科或领域。

讨论前的阅读或其他任务

A.阅读文本或重要的资料。基于文本的讨论通过为思考提供参考文献和提高观点的可靠性来支持学生聚焦于讨论的问题。

B.独立研究与讨论相关的话题。独立研究是预习的一种可行的形式，它为学生提供在线信息资源，有助于产生多种观点。当这成为为学生选择的准备模式时，一定的知识运用技能，比如"评估信息来源的可信度"，就显得非常关键。

C.讨论前的写作任务。写作任务帮助学生在为讨论做准备时理清他们的思路。

D.学生提出与讨论主题相关的问题。学生如果有时间提前思考这个话题，在讨论中就更容易提出问题。其中一个简单而有效的策略是在讨论前一天预习焦点问题，在家庭作业中让学生对主题真正感到好奇。

确定激活和维持思维的结构，促进所有学生参与。学生磨炼他们的讨论技巧时，需要热身以开启他们的思考，如果势头减弱、偏离话题或失去焦点，就需要暂停以重新组织。教师可以通过选择思维程序和协议来预测这些学生的需求，为富有成效的讨论"打气"。例如，两人一组作答的策略，像"思考—配对—分享"和"转身与交谈"之类的，可以在讨论开始时激活学生的思维，或在讨论陷入僵局时启动讨论。

Questioning for Classroom Discussion
Purposeful Speaking, Engaged Listening, Deep Thinking

优质提问助讨论
能言、善听和乐思

参与在线讨论的示例

1. 发送你对焦点问题的回答，使用完整的句子，提供理论基础或者对你的想法进行解释，包括参考文本。

2. 在截止时间之前做出回应。

3. 阅读所有同学的帖子。

4. 对同学发送的内容做出至少两个答复，其中包括至少一个问题。

在线讨论论坛是在课堂讨论之前激活学生思维的另一种方式。像Edmodo、Schoology和Moodle这样的课堂管理系统为在线讨论提供了机会，使学生能够回答问题并相互交流。一些教师通过使用这些工具来主持一场全面的讨论，这些在线平台也可以用于在学生进入面对面的讨论之前进行预热。当使用工具时，你不妨在网上提出一个与课内讨论中的焦点问题有所不同的问题。还记得第一章中提到的关于雅典民主的问题吗？这些社会学教师可能会选择在课堂讨论的前几天在网上放出这部分问题：雅典民主的优点与缺点是什么？详细解释为什么你认为某一具体的特征对雅典社会来说是优点或缺点。

教师可能会希望每个学生都能发出自己对焦点问题的回答，并对同学的想法做出最少两个回复。这样的在线讨论可以让学生在回答以下课内焦点问题时做好准备：你会建议在哪些方面改进雅典民主以使它在我们今天的社会中变得可行？以下文本框为学生参与在线讨论提供了示例。此外，教师不妨建立"网络礼仪"的指导方针，其中通常包括一些建议，比如"禁止喊叫"（使用大写或粗体）。在网上搜索一下，就能找到指导方针的示例。

选择结构和策略以激活并维持思维与发言

A. 激活思维

1. 开发一个提示语。在教师指导的讨论中，提示语可能会吸引学生在讨论前进行反思性写作，从而聚焦于重点并产生想法，或与同伴进行对话来聚焦于他们的思想并获得他人的见解。有效的提示语能帮助学生发现话题与他们的生活的相关性。

2. 选择一个结构。在激活思维时使用合适的结构，使所有学生都能响应提示。从以下三个类别中选择一个结构，随着时间的推移选择不同的结构。

◇在线平台。如：Schoology, Edmodo, Moodle。

◇两人一组作答。如："思考 — 配对 — 分享""卡片交换"。

◇多人小组。如："共同研讨""人形地图"。

B. 找回动力或焦点以及促进参与

1. 预测问题。预测在讨论中可能出现的需要教师干预的问题。针对你的学生和主题，考虑以下四种情况，以及任何你可以预料到的其他情况。

◇如果学生似乎失去了精力和热情，或者讨论似乎不再前进和深入，该怎么办？

◇如果学生不把重点放在讨论的问题上而继续偏离话题，该怎么办？

◇如果学生没有使用基于文本的证据或使用错误的信息来支持他们的立场，该怎么办？

◇如果大多数学生没有发言或参与，该怎么办？

2. 可能的干预措施

◇两人一组作答，如"思考 — 配对 — 分享"或"转身与交谈"。（准备好使用提示）

优质提问助讨论
能言、善听和乐思

> ◇通过改变提出的开场问题来重新聚焦,这个问题是根据对焦点问题最初的思考所准备的。
>
> ◇为巩固个体的思考和写作提供时间,同时可以规定每个学生提出一个与目前讨论有关的问题。

考虑组织问题。在进行给定的课堂讨论之前,教师必须做一些操作性的决定,包括讨论小组的规模和教室桌椅的布置。教师指导的讨论适用于至少三种不同的学生配置:(1)全班,开放论坛。在论坛中,所有的学生都参与讨论,教师担任参与者和(适当时)指导/推动者的双重角色。(2)鱼缸或内外圈。教师与一部分学生坐在圈内,其他学生带着倾听任务坐在圈外,而圈外的学生在课堂中有时也会被轮换到圈内。(3)由教师安排的五至八个学生组成的小组。其他学生参与讨论前或讨论后的活动,或者参与一个结构化小组讨论。

当参与者能相互看见对方时,讨论最有效。因此,桌椅的最佳布置是圆形或 U 形。对教室过于拥挤的、一天内会在不同教室和拥有多个教学任务的教师来说,为特定课堂重新安排桌椅是一个挑战。我们的建议是在物理条件的限制下,尽可能发挥创造力。一些教师把桌椅搬到房间的边缘,让学生在地板上坐成一圈。也有教师使用鱼缸法,让有限数量的学生(八至十个)坐在一个圈内,其他人带着积极倾听的任务坐在圈外。学生们轮流进出圈子,从而使每个人都有机会参与。

第三章
教师指导的讨论：教师在讨论的五个阶段进行辅导

> **组织架构安排：讨论组的规模、配置和平面图**
>
> A. 规模和配置
>
>   1. 全班
>
>   2. 鱼缸法（考虑因素：组成每个讨论小组的学生数量，小组／循环的数量，小组的配置）
>
>   3. 由教师安排的小组（考虑因素：每个小组的组成，每个小组讨论的时间长度，在学生参与讨论前或讨论后的活动时给予学生的指示）
>
> B. 平面图
>
>   1. 大圆圈
>
>   2. 内外圈
>
>   3. U 形布置
>
>   4. 其他

富有成效的讨论的计划模板（见附录 b）是这些片段的完整版本。教师可以用它为课堂中即将到来的讨论做计划。然而，理想情况下，为讨论做计划可以成为一项合作性的工作，教相同内容的同事可以一起使用模板安排他们的工作。对身边没有规划合作伙伴的教师来说，一种选择是创建一个在线讨论规划小组，通过网络与教授相同课程或内容的其他人联系。

开场

一个讨论的成功取决于"开球"，它包括：确保玩家理解"游戏规则"或彼此交流的规范和指南，关注能提高玩家在他们岗位上效率的技能，把问题放在"游戏"中，使得所有人都可以准备好接受它。

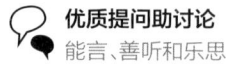
优质提问助讨论
能言、善听和乐思

审查规范或指南。第一章强调课堂互动的规范或准则的重要性。作为老师,你可以决定哪些"游戏规则"适合你和你的学生。我们建议你查阅第一章中所给出的规范,以便你决定哪些规则最适合你的学生。我们建议你将三个类别的规范包括进来:问题的目的、思考时间和参与。

聚焦于目标技能和素养。在教师指导的讨论中,与其他形式的讨论一样,教师为学生设置不同阶段,以便让学生专注于特定的讨论技能。划分阶段的一个重要结果是对有限数量的技能进行选择,这些技能适合学生的发展水平和特定的讨论主题或问题所提出的要求。《教学频道》的一个视频中就有一种高效的向学生展示目标讨论技能的示范(《教学频道》,2015)。在视频中,康涅狄格州布里斯托尔艾伦·P. 哈贝尔小学的一名四年级教师凯莉·布莎德(Kelly Bouchard),让她的学生思考两个他们四人一组练习过的讨论技能(作为学习目标)。凯莉·布莎德女士用小组的形式为她的学生提供有指导的实践。当她观察各小组时,她记录学生对目标技能的使用,而且她的笔记帮助她给予学生具体的阶段性反馈。这个课堂案例的显著特点包括:关注有限数量的技能、让学生参与定义用来评估他们使用技能进展的标准,以及有反馈的受指导的实践机会。

开始游戏。我们的经验表明,如果教师在讨论开始前,有策略地激活学生的思维,那么可以使更多的学生更积极地参与讨论。催化剂或热身可以帮助学生聚焦于当前的话题,收集他们的想法,并产生观点。许多结构化的活动都可以作为催化剂。这里有三种我们和老师们已经成功应用过的活动:"共同研讨""人形地图"和"卡片交换"。

"共同研讨"(synectic)是一种能激发创新思维的语言手段。这个词由希腊语衍生,意味着"不同想法合并在一起"。"共同研讨"通过让学生比较两个不同的观点来激活他们的思维。例如:

在美国历史课上,为了展开与罗斯福决定推迟美国加入第二次世界大战有关的教师指导的讨论，布朗先生让他十一年级的学生做准备时，通过下列活动来吸引学生。首先，他要求他们安静地做出回答并记下个人对这个问题的答案：你对于孤立主义的观点是什么？在几分钟的沉默思考和写作之后，布朗先生在白板上投影了四幅图像：一个岛，一个茧，一个洞穴和一个绿洲。他要求每个学生选择最能代表自己对于孤立主义的观点的图像并完成以下语句：孤立主义就像（选择的图像），因为……

布朗先生在教室里指定四个区域，让学生与选择相同图像的人见面。学生组成四个小组，每组选择一个记录员在图表纸上写下回答。选择"岛"的学生的图表纸看起来是这样的：

> **孤立主义就像一个岛，因为……**
> ◇ 你保护自己免受周围的动荡。
> ◇ 你可以利用资源来满足自己的需要。
> ◇ 你变得自给自足。
> ◇ 它使你远离其他人的事务。
> ◇ 你害怕冒险远离安全港。
> ◇ 你可能会搁浅。

在活动结束时，布朗先生提出以下焦点问题进行讨论：

> 罗斯福总统推迟了美国进入第二次世界大战的时间，直到日本偷袭珍珠港后，他才向日本宣战。他在德国加入向美国宣战的轴心国之后才向德国宣战。如果你是罗斯福的内阁成员，你会支持还是反对他在二战的头四年继续实行孤立主义政策？在为你的立场提供论据时，考虑美国和同盟国短期与长期利益。

Questioning for Classroom Discussion
Purposeful Speaking, Engaged Listening, Deep Thinking

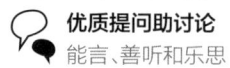
优质提问助讨论
能言、善听和乐思

当讨论涉及可争辩的或有争议的问题时，教师可以利用"人形地图"让所有的学生思考自己在问题上的立场，并在进入正式讨论之前与小组的同伴随意地分享他们的思考。这种应对策略像"共同研讨"一样，是从独立而安静的思考开始的。教师提示学生要决定他们对一个声明的同意程度（例如，从强烈反对到强烈同意）并记下支持他们自己立场的证据。经过两到四分钟的沉默评估和反思，教师让学生移动到与他们立场对应的"人形地图"的位置上去。有许多教师会在地板上用胶带隔出适当的间隔 —— 经常是从 10（强烈同意）到 0（强烈反对）—— 来协助学生在图上排队。当所有的学生都在图上"站好队"时，教师让他们与两三个有相同立场的同伴聚在一起并分享他们的依据。然后，教师可以通过听取站在不同线上的两三个小组的观点来"抽查"学生的不同观点，或者让学生回到自己的座位开始正式讨论。

在前面的例子中，布朗先生使用了"人形地图"来激活学生的思维，并通过要求他们思考以下陈述开始对罗斯福政策的讨论：罗斯福将美国加入第二次世界大战的时间推迟到珍珠港事件之后是最好的行动方针。学生将被要求在 0（强烈反对）到 10（强烈同意）的线上确定自己的立场。

如果你是布朗，你将采用哪种策略 —— "共同研讨"或"人形地图"？为什么？

第三个讨论催化剂 —— "卡片交换"（或"给一得一"）—— 也开始于独立而安静的思考以及对提示做出书面回应。在这种模式中，学生在卡片上写下他们对问题的回应，并且知道他们将会与同学交换卡片，而这些同学又会将他们的思想传达给其他人。在给定一段合适的时间进行书面答复后，学生站起来并找到其他人分享他们的想法。同伴们向彼此解释他们的回答，并在交流结束时交换卡片。然后学生找到另一个同学分享他们的第一个同伴的想法。通常情况下，在规定的伙伴交流和卡片交换的五到六

第三章
教师指导的讨论：教师在讨论的五个阶段进行辅导

分钟内，学生能完成三到四场不同的交流。这个过程为讨论提供了动力，所有的学生都以一个相当安全的形式致力于思考、谈话、倾听不同的观点。当全班性的或更大的小组讨论开始时，学生自己以及其他人都受益于独立思考的结果。

想想布朗先生会如何使用"卡片交换"来聚焦和形成学生对罗斯福决定的思考。他可能会用什么问题来促使学生思考？

在线讨论是另一种可以用来在实际讨论前激发学生思考讨论话题的策略。与面对面的催化剂一样，在线对话提供了一个结构，让学生在致力于讨论本身之前能与讨论主题和其他人的想法建立联系。

呈现讨论的问题。教师需要事先考虑课堂上提出的问题。我们认为，教师应从"呈现"问题的角度思考，而不是"问"问题（Walsh & Sattes, 2005）。想想它们之间的差异。当我们呈现某样东西时，我们把它作为礼物送给我们的观众。我们真诚地对观众的反应感兴趣，并且展示出我们的兴趣。呈现高质量的焦点问题就是对学生的反应展示的真正的兴趣。这样的展示要求教师以一种能显示出他们关心学生的反应的方式来呈现问题——通过使用面部表情和语音语调并精心组织语言。这意味着与学生进行眼神交流以表示对他们和他们的思想感兴趣的信号（Walsh & Sattes, 2005）。将焦点问题投影到屏幕上或写在白板上，让它在整个教学过程中一直呈现在学生眼前，这样老师就可以通过指向焦点问题来让学生回到焦点。

用"哲学椅子"开启反对越南战争的讨论

在这节录像课中，就职于旧金山亚伯拉罕·林肯高中的十一年级美国历史老师瓦莱丽·齐格勒（Valerie Ziegler）在回顾了两份原始文件后向她的学生提出了

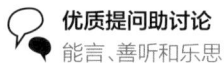
优质提问助讨论
能言、善听和乐思

下面的问题：人们为什么反对越南战争？主要是因为政治、社会还是经济原因？通过使用"哲学椅子"模型，她让每个学生移动到房间中代表他们自己观点的地方。然后，她引导全班同学分享自己选择的原因并提出后续问题。学生参考课文，在彼此的想法上建立自己的观点并积极听取不同的观点。

https://www.teachingchannel.org/videos/reading-like-a-historian-taking-positions

讨论的开场定下的基调，通常决定了学生对接下来的讨论的兴趣和参与程度。有效开场的要点在于教师对于集中学生对规范的注意力、目标讨论技能和素养以及关注问题本身的意向性。然而，一个有效的开场并不能保证赢得比赛。要做到这一点，教师必须通过"维持游戏"来支持学生继续思考和参与。

维持

当参与者在讨论中保持对问题的关注，相互交谈并倾听对方，在拓展个人和集体的思维时考虑彼此的观点，并提出问题以澄清或拓展他人的想法或分享问题时，富有成效的讨论就会产生。这些参与者的行为有助于保持讨论的活跃性，它们形成了讨论的核心与灵魂。教师指导讨论时，最主要的角色之一是给出能引导和支持这些学生行为的策略（例如做示范、搭建支架和指导）。

教师在维持讨论上面临着许多挑战，比如：(1)帮助学生适应并尊重沉默；(2)拓展学生个体的思维和语言表达；(3)鼓励学生在彼此的想法上建立自己的观点，而不是简单地宣传自己的观点；(4)让学生紧扣主题，并"卷入"那些似乎想要将讨论带向不同方向的学生；(5)启动停滞的讨论；

第三章
教师指导的讨论：教师在讨论的五个阶段进行辅导

（6）培养好奇心和兴奋感；（7）保证公平参与——鼓励沉默或害羞的学生并管理潜在的"垄断者"。

维持讨论和解决这些挑战的一个关键点是教师如何巧妙运用第一章中提到的提问策略——构建讨论的问题（包括后续问题），促进公平参与，为学生的思考搭建支架，并创造一种深思熟虑的和尊重的文化。布鲁克菲尔德和普雷斯基尔（Brookfield & Preskill, 2005）认为，提问、倾听和回应的技能"位于维持讨论的中心位置"，而且"在这三者中，学会提问更需要技巧和实践"（p.85）。我们认为，当计划和指导这一阶段的讨论时，教师专注于三件事情：（1）倾听以理解；（2）用问题、陈述或其他适当的行动来搭建支架；（3）监督以确保公平参与。

倾听以理解。优质提问最重要的规范之一是有意识地使用两种类型的暂停，也即"等待时间"或"思考时间"（在第一章中介绍过）。第一类思考时间是教师或学生提问后的停顿。这种沉默让每个人都有时间去思考他们对这个问题的认知。第二类思考时间——参与者停止发言后，其他人发言前的那段沉默时间，给了发言者时间来扩展或修改自己的意见，并给听众时间以消化发言者的评论。当教师与学生合作创造出一种认为时间一贯受到尊重的文化时，每个人（包括教师）将有机会去倾听以理解。尊重和运用思考时间有助于学生发展以下倾听技能：

◇在一名同学停止发言之后沉默一会儿，想想他说了什么，并将自己的观点与发言者的观点相比较。

◇提出问题，以便更好地理解发言者的观点。

◇在补充自己的想法之前等待一下，以确保发言者已经结束他的表达。

◇准确地解释另一个学生所说的内容。

◇看着发言的学生，并给出表示自己正在关注的非语言提示。

在教师指导的讨论中，教师可以明确地为学生示范每一种技能。怎么

Questioning for Classroom Discussion
Purposeful Speaking, Engaged Listening, Deep Thinking

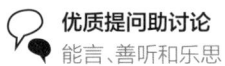
优质提问助讨论
能言、善听和乐思

做呢？通过把注意力集中在发言的学生身上；通过看着发言者，点头或使用其他非语言信号来表达充分的关注；通过身处"当下"以及关注发言者的话语，而不是自己的观点。这些都需要用到早前在本章中所述的思维习惯：欣赏式倾听，重视学生的贡献，集中的思考和公正的立场。养成这些习惯需要训练和实践。

这种类型的倾听也要求教师脱下作为评估者的帽子，不要立即给予纠正性的反馈或表扬，这两者都可能打断学生的思维和交谈流程。在引导讨论时，教师的目标从"评估学生的思维转变为支撑学生思考"（Juzwik et al.，2013，p.30）。对我们大多数人来说，这是一个艰难的过渡，因为我们经常倾听学生理解上的差距并提供即时的形成性反馈。但是，放弃这个专家角色是继续讨论的关键之一。这样做需要教师与学生一起思考。

当我们和学生在一起的时候，我们可以利用其说话后的沉默来思考其所说的话的含义，并允许另一个学生做出回应。如果在一个合理的等待时间（也许多达10秒）后没有回应，我们可以提出一个问题以支持发言者的想法，邀请发言者拓展思维，或者对学生的观点进行解释以确保我们已经正确地理解它们。在解释之后，我们可以邀请其他学生发表同意或不同意的理由，并提醒他们，最重要的倾听技能是用某人发表评论之后的沉默时间来比较发言者与听众的想法。

倾听以理解有助于解决一些与维持富有成效的讨论相关的问题。当一个教师为适应沉默做示范，并对其价值进行评价时，就传达和强化了沉默的目的和价值。沉默可以鼓励学生在彼此的想法上建立自己的观点，而不是简单地为自己辩护。许多学生需要借助沉默来建立一个讨论，教师可以用多种方法来为这个技能搭建支架。正如前面提到的，一个简单的策略是解释学生所说的内容，并邀请其他学生表示同意、不同意，或以其为基础或对其进行延伸。如果这不能引起另一个学生的反应，教师可以示范"提

第三章
教师指导的讨论：教师在讨论的五个阶段进行辅导

出问题来理解发言者的观点"的行为。想象一个教师非常有目的性地做出这些行为的课堂。为了确保学生能够识别示范的技能，以及这些技能如何有助于讨论，教师可以在适当的时候暂停讨论并大声反思，说出类似这样的话：

> 我想回过头来与大家分享我是如何尝试使用我们的倾听技能的。首先，我在约翰停止讲话后进行等待，以确保他已经表达了他的想法且没有其他内容要补充了。同时我用沉默来思考他所说的内容。我试图抛开我对这个话题的看法，专注于约翰的想法。
>
> 我在等待你们中有人对约翰发表评论或提出一个问题，因为讨论的目的是让你们彼此交谈，而不仅仅是与我交谈。当没有人说话时，我会解释我所理解的约翰的意思，确保我真的明白了他的意思，而且如果他需要的话，我会邀请他来确认我的理解和拓展他的思考。再一次，我希望你们中有人会在约翰点头赞同我对他的想法的重述之后回应约翰。
>
> 因为我有一个关于约翰的陈述的问题，如果没有其他人发言，我准备向他提出一个问题。不过，我相信你们每个人都可能同意或不同意约翰的想法。因此，我希望回到我们的谈话，让我们每个人沉默一会儿，以确定约翰的一个主要观点，并决定我们如何看待他的立场，以及我们为什么如此思考，或者决定是否有由约翰的评论引发的问题。

如果没有这种类型的教师反思，示范的影响将很小。并不是所有的学生都会通过单纯示例来接受我们试图教授的内容。

这种明确的教师反思有助于确保学生在有目的示范中有所收获。当

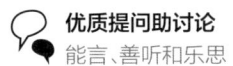

优质提问助讨论
能言、善听和乐思

然,重要的是注意不要用这种干预来打断讨论的流程。当学生在没有提示的情况下彼此交谈时,教师的大声思考既不必要也不富有成效。然而,当一个讨论停顿时(他们有时会这样做),这种干预可以达到两个目的:(1)它们可以提供关于讨论技能和过程的直接指导;(2)它们可以启动讨论,尤其是当教师通过邀请学生继续谈话来结束大声思考时。事实上,这种类型的反思就是支架的一个例子,这是讨论期间教师思考的第二个重点领域。

用问题、陈述或其他适当的行动来搭建支架。在本节中,我们回顾了一些教师在讨论中共同面临的挑战,并考虑他们可以用来为个人和团体的思考与发言提供支架以克服这些挑战的其他方法。表3.1列出了可以用来解决每个问题的六个挑战和支架。我们描述了各种支架及其相关的挑战。

表3.1 维持教师指导的讨论的六大挑战的支架

挑战	教师陈述	教师提问	结构	学生提问
拓展学生个体的思维和表达	◇陈述兴趣 ◇"应酬语" ◇"填充物" ◇释义和反思的陈述 ◇声明性陈述 ◇思维陈述	◇吸收问题 ◇元认知问题	◇信号/非语言的	◇教师邀请学生提问
引导学生自我评价和自我纠正	◇释义和反思的陈述 ◇思维陈述	◇元认知问题		◇教师邀请学生提问
鼓励学生在彼此的想法上建立观点	◇发言者联结 ◇复述	◇邀请一个学生借用同学的陈述		◇教师邀请学生提问

续表

挑战	教师陈述	教师提问	结构	学生提问
保持学生对话题的关注	◇声明性陈述	◇元认知问题 ◇关注焦点问题	◇停车场	
启动停滞的讨论	◇教师观点陈述	◇"真正的"问题或疑惑 ◇原焦点问题的补充问题	◇思考分享小组 ◇写作分享小组 ◇其他结构或配对规则	
培养学生的好奇心与兴奋感	◇教师观点陈述	◇"真正的"问题或疑惑		◇鼓励和为学生提问搭建支架

拓展学生个体的思维和表达。与背诵或更普通的课堂对话相比,讨论的一个显著特点是学生的发言很有"长度"。通过这种延长的发言,他们澄清且有时纠正自己的想法。然而,缺乏讨论经验的学生不太可能进行这种探索性、尝试性和反思性的思考。教师可以通过使用各种服务于不同目的的支架来支持这种思考。

当目的是鼓励学生继续发言时,教师可以简短地表达对学生所说的话的兴趣。例子包括"这是一个新颖的想法。我想听到更多",或者简单地说"你好像说到点子上了。我很好奇是什么促成了这种想法"。另外,教师可以利用狄龙(1994)提到的"应酬语"——鼓励发言者继续的短语。例如,想象一个学生正在解释他如何解决一个用词问题,然后在说完所有步骤之前停止了。教师可以做一个简短的发言,如"我们听着呢""继续"或"这很有趣"。这样的陈述"无论是在开放问题还是封闭问题中,都会对讨论产生重大影响……(增强)孩子回答的长度和主动性的效果远远超过问题本身可以达到的效果"(Dillon,1994,p.88)。我们很多人使用的另一种策略,就是狄龙所说的"填充物"——能向学生传达你正在听的词语或声音。例

优质提问助讨论
能言、善听和乐思

如"嗯嗯""嗯哼""我知道了""我明白了"和"OK"。最后,肢体语言——保持眼神接触、点头和做出各种手势——有助于鼓励学生继续发言。

教师还可以通过提供更深入的评论来扩展学生的思维。转述个人反思后的学生评论是一种邀请学生继续讨论而不提出实际问题的方式。例如,在重申你对于学生陈述的理解之后,你可以简单地说:"我没有以这种方式思考过这个问题,但是我有兴趣听到更多关于你的论证的信息。"同样,你可以提供一个陈述,表达你对学生评论的想法或感受,而不用重申它。你可以这样回应提出创新思维的学生的评论:"我没有听到过这样的解释。我很好奇你会如何向这个领域的专家解释这一点。"这些类型的教师评论只有在一个长时间的停顿之后才能提供给学生,让学生有机会对发言者做出回应。经验法则是永远不要抢占学生的讨论。

你可能想知道提问是否是一种要求继续思考和发言的合适方式。考虑一下"吸收问题",这些问题包括了一些学生之前的想法或之前的回答,用以要求进一步的阐述(Juzwik et al., 2013)。吸收问题可能是这样的:"你不同意作者的观点。那你怎么解释她的观点?"或"你告诉我们你认为金发女孩不应该进入熊的家。你能更多地说说为什么你认为这是一个糟糕的选择吗?"研究人员发现,吸收问题的使用与学生的识字和内容学习相关。它们"把思考的责任还给学生……鼓励学生阐述,并增强学生的思考和参与"(Michener & Ford-Connors, 2013, p.91)。它们也是"学生思想塑造学习的课堂的关键指标"(Boyd & Galda, 2011, p.96)。

引导学生自我评价和自我纠正。这些支架有助于吸引学生继续思考。然而,教师经常希望学生反思、阐明,甚至可能纠正他们的想法。在这种情况下,第一反应往往是提问。然而,为此而过度使用提问表明教师回到了专家的角色,这可能会破坏讨论。再说一次,陈述或评论的干扰性较小,不太可能导致学生由于害怕自己错了而"冻住"。当目的是支持甚至挑战学

第三章
教师指导的讨论：教师在讨论的五个阶段进行辅导

生思维时，考虑以下几种陈述替代问题的价值：释义、声明性陈述和思维陈述。

通过用我们自己的语言来释义或重述一个学生说过的内容，可以测试我们对评论背后的含义的理解。学生可以肯定我们的理解和阐述，或者澄清他的本意。同样，我们可以简单地重复学生评论的一部分，本质上是将其反馈给发言者。这两种策略都能重述发言者的想法，这样可以鼓励发言者继续发言。

声明性陈述是指教师可以用来将学生的注意力集中到事实性错误上的事实陈述。例如，假设学生评论："森林火灾是可怕的事情。它们破坏植物和动物的生命。"教师的第一反应可能是问："森林火灾会带来什么好处吗？"这样的问题可能会把这个讨论变成背诵。另一种方法是发表这样的陈述："森林火灾会摧毁植物和动物的生命，它们还通过允许新生命的发展来再生森林。"这句话可以让发言者或其他学生继续对话，或者问一个关于老师陈述的问题。声明性陈述对于为使用知识的技能搭建支架非常有用，包括文本的准确性和引用或其他信息源。

思维陈述传达了老师对学生评论或观察的反应，可以体现关于学生思考的问题。例子包括"我没有跟上你的论证""我在想你有什么证据支持这种说法"和"我对……有点困惑"。这类语句可用于为讨论中使用知识技能（例如，准确性和文本证据引用）以及认知技能（例如，揭示假设，以间接的方式寻求澄清）搭建支架。

虽然我们建议教师首先通过发表思维陈述来为学生个体的思考和发言搭建支架，但提问有时才是更合适的方法。当一个学生的思考看起来似乎是混乱的或不易懂的，元认知问题可以帮助学生进行思考。这些问题"唤起了学生对自己的思考和知识运用的关注"，从而使他们能进行自我评估、自我纠正，并建立新的认识（Cazden，2001，p.92）。埃莉诺·达克沃斯

优质提问助讨论
能言、善听和乐思

（Eleanor Duckworth）（正如 Cazden 所引用的）阐述了能帮助学生并评估其学习的教师提问：

> 在某种程度上，与孩子进行对话是一种了解孩子的理解的方式，孩子的理解"在这个过程中"增强。对话者为了弄清孩子在想什么而问的问题也迫使孩子进一步思考……你是什么意思？你是怎么做到的？你为什么这么说？这与刚才说的有什么关系？我不太明白，你能用另一种方式解释吗？你能给我举个例子吗？你是怎么想出来的？在这些情况中，那些问题主要是对话者尝试了解对方的理解的方式。然而，在这些情况中，他们也参与对方的思考，并采取进一步的行动。
> （Cazden, 2001, p.92）

让学生进一步思考，正是搭建支架的目标。达克沃斯的陈述中包含的问题表明了让学生思考并揭示知识基础和假设的重要性。对教师来说，当他们指导讨论时，这是一个重要的功能。帮助学生思考他们的想法和认识的教师提问，可以使他们参与元认知思维，并示范他们如何使用这些类型的问题以加深自己和同学的理解。

鼓励学生在彼此的想法上建立观点。与合作相关的技能使学生能够超越看起来像乒乓球的讨论，进入类似于足球的讨论。大多数学生在学校使用这些技能的实践是有限的。教师可以提供支架以培养和支持学生的互动和协作。我们为此提供三种策略：发言者联结、复述和发言者邀请。

一个相对简单的策略是发言者联结，就是一个教师将一名学生所说的话和之前学生的想法联系起来进行评论。这鼓励了两个学生之间的对话，并说明了两个重要的协作和认知技能：捎带和联结。教师可以利用这一技巧为学生示范倾听彼此和思考他人的想法的价值。这可以让学生相互交

第三章
教师指导的讨论：教师在讨论的五个阶段进行辅导

谈和协作以寻求新的理解，而不是单方面回应和与老师交谈。发言者联结可能会像这样开始："玛丽亚，你的评论与乔希之前说的话有关。"教师明确指出玛丽亚和乔希的评论之间的一个特定的联系。

另一种鼓励学生交谈并在彼此想法上建立观点的教师支架是复述。在这种情况下，教师发表的陈述包含了学生评论或想法的某些方面。例如，在一次关于牛顿第一运动定律的课堂讨论中，一个学生说："一篮子的苹果比一个苹果的质量更大，所以移动一篮子苹果比移动一个苹果需要更大的力气。"教师复述说："苏珊说，需要更大的力气来移动一个质量更大的物体，在这种情况下，移动一篮苹果的力气大于移动一个苹果的力气。我想知道这告诉我们质量和力之间是什么关系。"在这种情况下，复述服务于两个目的：它利用学生的洞察力来维持重要的内容线索，并邀请其他学生建立这种洞察力。卡兹登（2001）认为，"对建立不断增长的常识库和建立不断增长的学习者群体而言，复述是一种策略"。（p.91）

教师还通过直接邀请学生相互提问，并通过为学生制定和提出问题预留时间（另一种富有成效的沉默/思考时间的使用！）来为学生互动搭建支架。教师的邀请可能会采取这样的声明形式，如"阿碧对这个人物的动机提供了一个解释。我想知道阿碧的评论是否会让其他人对这个角色的性格产生疑问"。

保持学生对话题的关注。由于曾经有在讨论过程中学生远离焦点问题的经历，许多教师都不愿意为真正的讨论打开大门。保持学生对话题的关注提出了一个特殊的挑战，因为我们从来不希望过于死板以至于压制创造性的、独特的思考，但我们的工作是确保讨论促进特定的学术目的，以及学生在进行共同的探究时训练思维。前面的一些策略可以用于这个目的。例如，一个老师可能会做一个简单的声明性陈述，如"约翰，你的评论很有趣，但它似乎与讨论的话题无关。你能把这写在一张便签上，放在我们

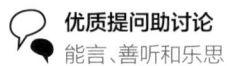
优质提问助讨论
能言、善听和乐思

的停车场上吗?"同样,老师可能会提出一个元认知问题,如"你的评论与今天的话题有什么关系?"我们建议把焦点问题和讨论目的放在教室的突出位置,这样就可以很容易地用简单的手势指向问题来提示学生需要重新调整焦点。

启动停滞的讨论。教师的另一种担心是,在真正开始探索一个话题或在深化理解之前,学生已经停止说话。教师在这种情况下要做什么?最方便的举措是给合作伙伴提供谈话的机会。这可以很简单,就是要求学生转向一个身边的伙伴并与之交谈,以产生能推动讨论的问题或评论。有个与之类似的往往更富有成效的策略,就是"写作分享小组":学生花费一两分钟用于沉默、个人思考和写作,然后与合作伙伴交换意见。使用这样的结构可以促进所有人的参与。

花时间进行个人反思和配对交谈可能不适合你对支架的概念。教师最熟悉的支架是直接帮助学生达到课程标准,通常是在课堂背诵期间,为帮助学生达到所要求的知识或技能水平搭建桥梁。然而,在讨论的情况下,搭建支架是用来加深学生的内容知识和发展他们的讨论技能的。如果学生不参与讨论,这些事情就不会发生。而为了参与,他们必须对自己所说的内容有信心。使用配对交谈可以提供这种信心。

配对交谈是同伴支架的一个例子,对学生来说,同伴支架有时比教师提供的支架更有帮助。考虑支架的这个定义:

> 支架是给学习者的帮助,是根据学习者实现当下目标的需要量身定做的。好的支架通过有助于学习的方式提供这种帮助。告诉某人如何做某事或为他们做这些事可能会帮助他们实现当前的目标;但它不是支架,因为孩子没有积极参与知识的建设。与此相反,有效的支架提供提示和暗示,帮助学习者自行解决问题。(Sawyer, 2009, p.11)

第三章
教师指导的讨论：教师在讨论的五个阶段进行辅导

这个定义考虑了一系列的支架，包括但不限于教师的问题或评论。无论如何，教师必须为各种类型的支架做出计划并留出时间。

另一种可以作为促进学生参与的催化剂的举动是个人观点的陈述。当讨论结束时，教师可能会传达他对这个问题的思考，将其作为可能性之一。这样，教师作为一个完整的参与者进入讨论。除非讨论似乎停止或陷入僵局，否则最好避免使用这种策略。这一教师举动带有停止学生思考的风险，因为许多学生在反对教师时可能会犹豫。

为讨论注入新生命的最后一个策略是提出一个新的问题，针对的是讨论的话题或问题，但是从一个略有不同的角度来讨论。在第一章中，我们建议，在谈话没有按照计划进行时，教师要针对焦点问题预测学生思考的不同方向，并准备后续问题以搭建支架。备有相关的问题对防止讨论完全停止来说是很好的保险。

培养学生的好奇心与兴奋感。学生对话题的好奇心和真正的兴趣促进了富有成效的讨论。没有它们，讨论永远不会实现；谈话非常平淡，学生感到无聊和无趣。那么，教师是如何支持或激发好奇心和兴奋感的呢？除了构建一个值得协作调查的问题，也许最重要的教师行为是通过提出真正的问题和鼓励学生问问题来示范好奇心和兴奋感。当教师大声传达自己的困惑和不解时，教师通过提出问题来培养学生的好奇心。当教师提出"真"的问题（即那些他们对之没有答案或先入为主的观点的问题）时，他们能激发学生的好奇心并拓展其思维。在教师指导的讨论中，这种类型的问题可以作为学生探究的模型。

归根结底，学生的问题是维持讨论和探究兴奋感的最重要的贡献者。不幸的是，正如我们前面所强调的，在大多数课堂里，学生的问题是少见的。虽然学生的问题可以作为维持思考和讨论的支架，但教师往往需要为学生的提问意愿和能力提供支架。这首先要告诉学生为什么他

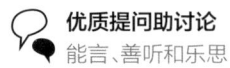

优质提问助讨论
能言、善听和乐思

们可以向对方（和他们自己）提出关于文本或主题的问题。表 3.2 是一个有用的工具，可以用于为学生的六个提问技能（在第二章讨论过）的发展提供支架。

表 3.2　为学生的提问技能的发展提供支架的提示和词干

技巧	何时使用	词干案例 / 标准问题
提出问题以澄清和更好地理解主题或文本的实质	1. 你对术语、措辞或句式结构感到迷惑。 2. 你需要另外增加的信息。	1. 当作者写下……时是什么意思？ 2. 当你说……时是什么意思？ 3. 你可以用另一种方式表达吗？ 4. 你可以举一个例子吗？
提出问题以确认发言者的假设	1. 你不明白发言者（作者）的思想背后是什么。 2. 你认为发言者的论点可能基于情感而不是事实。	1. 我在想你是否有会影响到你对此事的思考的个人信念。 2. 你的什么经历使你相信……
提出问题以澄清论点或结论背后的思考或推理	1. 你跟不上思考和论证的路线，也就是说，你不知道发言者是如何从 A 想到 B 的。 2. 你认为发言者可能以偏概全。	1. 我没有用这种方式想过，你能告诉我是什么让你得出了这个结论吗？ 2. 这总是对的吗？什么可能改变结果？
展示自己的假设并对其提问	1. 你真的怀疑个人信念在影响你的观点。 2. 你意识到证据与你最先想到的话题是相反的。	1. 我的个人信念如何影响我对他人的包容性？ 2. 什么导致了我的信念？ 3. 我是否愿意听取这些事实，即使它们与我的信念相悖？
在好奇时问问题	你对某件事有着"真实"的疑惑；你有一个你没有答案的问题。	1. 我们怎么才能找到更多的信息？ 2. 那会有什么影响？ 3. 什么可能导致了这个？
问"如果……会怎样"的问题，以促进思维的发散	1. 你想要鼓励发言者去考虑不同的观点。 2. 你有一个想要与小组一探究竟的主意。	1. 思考的可选择的方式有什么？ 2. 如果……会怎么样？ 3. 想象……它会如何影响我们的思考？

第三章
教师指导的讨论：教师在讨论的五个阶段进行辅导

关于以提问做支架的结语。你可能会惊讶于我们的忠告：在默认使用提问之前考虑其他可选择的支架——特别是考虑到这本书的重点是为讨论而提问！我们的重点是高质量的提问实践，而不仅仅是以问号结束的提示。

我们意识到许多同事有时甚至把问题等同于支架。根据狄龙（1994）的研究，他反对在讨论中使用教师提问，认为它们"将会挫败讨论过程，将课堂变成更像背诵的小组谈话"。他进一步指出，在讨论中，"老师的问题不能激发学生的思维，不能鼓励参与。它们压抑了学生的思想和谈话"（p.78）。我们同意狄龙的观点，当提问被用于询问学生时，会扼杀他们的发言，但我们相信教师提问在教师指导的讨论中能发挥作用。

虽然教师提问能为讨论中的学生思考提供支架，但也有一些需要加以警告的地方。第一，教师提问时要特别注意自己的情感和非语言信号。回想一下本章前面强调的教师素养，特别是欣赏式倾听。如果教师的面部表情和肢体语言传达出他正在全神贯注地倾听以真正理解学生话语背后的含义，那么学生就很可能会借这个问题来表达他对所思考的事物的真正兴趣。如果教师的语言表达了对学生贡献的重视，学生就可能会把这个问题作为帮助阐明或支持他的思想的工作。这类提问是不可能使讨论脱轨，或把它变成一种背诵的；相反，在学生相互交流时，它可以作为一个模型为他们所使用。

第二，我们提问的措辞可以传达对学生谈论话题的真正兴趣——无论是阐述还是拓展思维——而不是评估或审查学生的评论。一些有用的问题导入如"我有一个疑惑""我很好奇……"和"你的评论引发了我的问题"。当这些问题的导语随着真正的兴趣被传播时，它们传达了对学生的尊重，并为学生提供了一个舒适、安全的回应空间。

第三，思考如何让整个班级参与思考我们所提出的问题而不是与单个

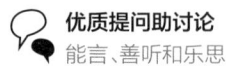

优质提问助讨论
能言、善听和乐思

学生建立一对一的谈话是非常重要的。讨论中，教师提问的一个潜在的不利因素是，没有回应的学生可能会被默认为处在被动的位置，因为对话只在教师和发言者之间进行。教师可以发现每个人的困惑或兴趣点，然后邀请其他学生提出一个可以澄清发言者立场的问题。

第四，正如前面所强调的，我们需要明确的是，我们脑中的问题是比促进学生进一步思考和发言的陈述更好的策略。记住，教师指导的讨论目的是为学生示范课堂内外的独立讨论所需要的技能、行为和素养。教师应为学生互相交谈和交流设定期望，而不是互相询问和不断挑战彼此。

最后，决定选择哪种行为——提供陈述，问问题，推迟与其他学生的交谈或延长沉默——应该取决于哪种举动最有可能在讨论中维持学生思考和谈论给定的要点。这是一个教师只有在课堂讨论的时候才能做出的判断。麦卡恩（2014，p.124）总结了一些对话中的举动，反映出我们所强调的内容：

◇将讨论中学生的评论与之前的课堂活动联系起来，包括小组活动和长期、短期学习目标。

◇征求回应和释义以肯定学生，但不支持"正确答案"。

◇邀请学生评估或评价他人的贡献。

◇观察学生思维的发展，以确定教师介入某个陈述或问题的适当时机。

◇总结讨论的线索，确定可能的深层次讨论区域。

为学生的思考和发言搭建支架是教学中最严谨的任务之一，它需要集中地倾听、思考并实时制定适当的提示。这是我们建议教师在计划阶段构建焦点问题时，预测学生的反应的原因之一。虽然支架通常被认为是对学生使用认知和知识运用技能的支持，它也可以用来支持讨论的公平性——如果教师知道谁在讲或谁没在讲，以及讲了多少。

监督以确保公平参与。公平参与是民主讨论的一个标志，它不会自

第三章
教师指导的讨论：教师在讨论的五个阶段进行辅导

动发生。布里奇斯（1979）指出，"讨论要求每个参与者都可以听到和被听到，除此之外，考虑到小组成员个体的意见和兴趣表达，还要求至少在某种程度上的平等"（p.23）。他认为，当教师无法摆脱专家/评估者的角色时，很多学生都不愿意表达自己的想法。然而，教师仅摆脱这种专家角色是不够的。如果他们要确保所有的声音都被听到，他们也必须积极监督参与。这是教师在帮助和指导学生讨论时面临的最艰巨的挑战之一。

跟踪式参与。合作讨论的一个目标是全体学生的参与。该目标的一大挑战就是约束潜在垄断者和鼓励未参与者。在教师指导的讨论中，解决这些挑战需要教师找到一种方法来记录学生在说什么以及说了多少。教师可以承担这个责任或要求学生帮忙。无论是哪种方式，教师都需要始终掌控学生的参与情况。跟踪部分相对简单，而更大的挑战是确保所有学生在课堂对话中都有发言权。

数学课堂中特定内容的考虑

数学课堂上的讨论涉及的支架和联结建立并不比其他学科的讨论少。然而，讨论的背景是不同的，它通常是通过聚焦于学生对数学问题或在认知上具有挑战性的问题的回答，来加深对数学概念的理解。教师通过提出"探究和探索意义与关系（迫使）学生解释他们思考的原因"的问题，让学生的思考变得清晰可见。（Smith & Stein, 2011, p.73）。在《精心策划富有成效的数学讨论的5个实践》（*5 Practices for Orchestrating Productive Mathematics Discussion*）中，史密斯和斯坦认为，在指导讨论时，教师需要在学生的作者身份（构建他们自己的数学理解）和学生对发展数学学科核心的理解的责任感之间建立平衡。这本书为在数学课堂中组织讨论提供了一个有用的框架。

优质提问助讨论
能言、善听和乐思

积极主动。积极主动的策略之一是与学生合作建立讨论的参与规范（以第一章为例）。张贴商定的规范可以支持公平参与。例如，当教师观察到一个学生开始垄断讨论，可以指出以下规范：监督你的谈话以免垄断。或者，教师可能会要求讨论暂停一会儿，并说："我发现今天你们只有少数人参加了我们的讨论。我想提醒大家我们的两个参与规范：分享你的想法，让其他人可以向你学习，鼓励其他人发言，特别是那些不参与的人。（指向规范并停顿）想想你自己和他人对我们谈话的贡献。（再次停顿）现在反思你能做些什么来确保每个人都参与其中。"

除了对参与规范的教学和张贴，教师还有至少三种方法来支持学生参与：

使用思考时间2。要求学生在同伴评论后等待三至五秒，让所有学生有时间来处理发言者所说的话以思考他们的回应。许多学生需要这种处理时间，因为如果他们在发言者结束发言之前就已经有了回应，他们"内部处理器"的思想可能会被打断。当所有的学生都有时间去处理和思考，他们才更有可能做出一些贡献，并会有更充足的信心发言。思考时间2可以通过鼓励垄断者在脱口而出之前进行思考，来遏制谈话被垄断。利用思考时间来鼓励学生参与，要求学生理解和实践第一章提出的思考时间规范。

尝试"思考 — 配对 — 分享"。另一种促进公平参与的策略是进行短时间的暂停，要求个人进行反思，并采取相应的对策。这种策略不仅在讨论将要失败时（如前所述）有利于为继续思考搭建支架，也有利于使竞争环境变得更加公平。每个学生以书面形式回应，或者通过与合作伙伴交谈回应，或同时使用两种方式。在同伴交谈之后，教师可以要求一个没有发过言的学生来与搭档分享一些讨论的东西。

酌情使用直接邀请。要求尚未做出贡献的学生进行评论有时是恰当的。教师可以对所有未参加者发出公开邀请或叫一个学生的名字。所有的

第三章
教师指导的讨论：教师在讨论的五个阶段进行辅导

教师都认识到聚焦于个别没有贡献的学生的缺点——例如，他们可能会面临让学生感到尴尬或邀请到不恰当的评论的风险。教师也知道如何读懂学生的非语言暗示。有时候，学生们在等着开口，但找不到机会，因为更积极的同学占据了主导地位。我们可以通过简单地陈述来尊重这些学生，"我感觉 ___ 有一些东西需要补充"，然后暂停让学生发言（或不发言）。

在五年级英语语言艺术课堂中的文本交谈时间

在这节录像课上，五年级老师斯泰西·布鲁尔（Stacy Brewer）让她的学生们参与讨论，为他们的个人写作任务做准备。在进入讨论圈之前，学生们进行小组头脑风暴（开场活动）。为了便于他们讨论，布鲁尔女士和学生坐成一圈。她通过与学生一起评估准则和期望来开始讨论，包括一次只有一个同学发言，认真倾听同伴，使用手势来表示说话的意愿（如果他们想要在别人说的话中添加内容，可以竖起两个手指，如果他们想添加新的内容，可以竖起大拇指）。布鲁尔女士维持讨论的方法包括仔细倾听每一位发言者，提出后续问题，提供文本参考，或寻求确保全体学生参与等。当她在讨论中指导学生时，她会明确地告诉学生她正在做什么。她在七分钟的视频中使用了全组讨论和"思考—配对—分享"的方法。

https://www.teachingchannel.org/videos/analyzing-text-as-a-group

为自己设定切合实际的成长目标。持续讨论对教师的要求很高：激光般的焦点，非凡的倾听，快速的思考，克制和交际，对学生个体的敏感性，对内容或纪律的深刻认识，良好的判断力等。这些技能是教师们随着时间的推移而发展和完善的。在持续的讨论中总是能进步的，但是教师不应该试

Questioning for Classroom Discussion
Purposeful Speaking, Engaged Listening, Deep Thinking

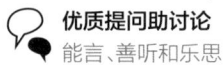
优质提问助讨论
能言、善听和乐思

图一次做所有的事情。正如教师一次帮助学生发展少量的讨论技能一样，他们也需要在任何给定的课程中专注于与学生讨论有关的有限数量的行为。我们建议教师为自己制定成长目标，以便于他们能够集中精力，并反映自己的表现。

结束

　　结束讨论最恰当的方式是什么？它部分取决于讨论的问题和相关的目的。大多数学术讨论的目的是为学生提供机会来加深或拓展他们的理解或观点。虽然讨论背后的理论是，合作的思考和谈话可以促进这一目的，但它是就学生层面而言的。每个学生能否从每一次讨论中获得不同的东西，取决于至少三个因素：(1) 背景的深度和广度以及学科知识；(2) 由个人经历产生的信念和价值观；(3) 与讨论相关的技能的熟练度。因为学生有不同的"起点"，他们会通过讨论实践以不同的方式学习和成长。因此，讨论的结束为学生提供了反思和巩固思考的机会。它们不要求全班作为一个整体在讨论主题上达成一致。

　　协助学生巩固思考。尼斯特兰德（Nystrand, 1997）和他的同事认为，通过讨论进行学习时，教师和学生一起讨论以"提出共同的理解，这种理解反过来又有助于学生个体的学习"，而且学生学习"在相互作用的声音中产生了"(p.ix)。他们还将讨论时作为"信息生产者"的学生和在大多传统课堂互动中作为"信息复制者"的学生区分开来(p.80)。此外，他们区分学生独立学习和集体或共享学习。每个学生都是自己学习的生产者，同时也是共同理解的贡献者。

　　因此，讨论内容的结束或终止，是学生将自己和他人的思想吸收到各自的心理框架和图式中的时间。在这一点上，大多数学生可以受益于教师的指导提供的帮助，特别是如果他们刚刚开始他们的学徒生涯。教师可以使用的一种指导策略是当讨论即将结束时，向全班提问。以下是一系列可能的问题：

◇ 整个讨论中的关键问题是什么？
◇ 思考中有什么不同的观点或方向出现了？
◇ 支持这些观点的证据是什么？
◇ 我们可以从提供的证据中得出什么结论？
◇ 有哪些悬而未决的问题？
◇ 我们还能提出哪些额外的问题？

教师可以回答这些问题（或要求学生回答）。在整个班级思考和谈论这些问题之后，教师可以为学生反思和记录预留时间。这样的结束环节可能发生在讨论结束时或第二天。

另一种方法是从个人反思性写作开始，让学生与班上其他同学分享他们的见解。构建学生反思的一种方法是使用"我过去认为/我现在认为/我仍然怀疑"去提示，并要求学生以三栏的格式来记录他们的反思。

帮助讨论者识别新出现的或悬而未决的问题。这两种策略都可能产生额外的问题。我们相信，良好的讨论会使学生产生额外的问题。教师需要抵制得出最终结论并束缚学生对话的诱惑。重要的是为学生提供进行个人思考和处理的时间，以便他们能将任何新的收获组织到他们的思维中，并思考剩余的或新出现的问题。

反思

讨论周期的最后阶段是对讨论过程进行反思，它能在两个场所发生：（1）在课堂上，教师与学生一起反思，引导学生合作反思；（2）在课堂之外，

Questioning for Classroom Discussion
Purposeful Speaking, Engaged Listening, Deep Thinking

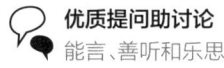
优质提问助讨论
能言、善听和乐思

教师独自反思，或者在理想的情况下，与其他同事一起反思。让我们回想一下赛后的分析，教练和球员在分析中会反思球员在场上的表现，教练组还要评估比赛计划本身。

我们设想了两种可能的课堂反思：一种是学生针对调查项目或开放式的提示进行个人反思写作，另一种是由教师组织的集体反思对话或汇报。当教师为这两种事后行动的思考提供机会时，个体反思会形成课堂反思。然而，根据目的和时间，教师可能会决定只让学生参与一种反思模式。

促进学生个体反思和自我评估。个体反思聚焦于教师在规划阶段选择的和在课堂开始时向学生展示的讨论技能和素养。这些技能可能在课堂开始时已被确定为学习目标。表 3.3 提供了一个模板，教师可以用它来征求学生对自己和同学使用针对性技能情况的书面回答。教师要求学生在左栏写出他们讨论中的重点技能——社交、认知和知识运用。因为讨论是一个合作过程，学生应被要求去反思自己的个人表现，以及他们班的集体表现：他们个人是如何探索使用特定的技能和方式的？班上所有的学生在多大程度上合作创造了预期的对话？理想的学生反思他们的表现的时间是紧随讨论之后。如果这不可行，那可以要求学生将其作为家庭作业或在下一课时反思他们的表现。

在前面提到的《教学频道》视频中（2015），四年级老师凯莉·布沙德在与学生进行与《不老泉》(Tuck Everlasting)有关的合作性讨论的第一部分后，又与学生一起进行检查。她首先提醒他们的是学习目标（"我明白，在彼此的想法上建立观点有助于建立一个合作的讨论"）和两个相关的成功标准（"我可以向我的同学提问以更好地理解他们的想法""我可以使用这些连接词将我的想法与同学的想法联系起来"）。学生通过回答以下问题完成了自我反思日志（《教学频道》，2015）。

第三章
教师指导的讨论：教师在讨论的五个阶段进行辅导

表 3.3 针对性讨论技能的书面评估

在第一栏中记录我们今天所关注的每一个技能领域。然后，评估你今天对这个技能的使用情况，从 VS（非常熟练）到 OK（可接受），再到 NW（需要努力），并举一个例子说明你为什么这样评估自己。最后，评估你的小组对这个技能的使用情况，并提供一个例子。

技能区域重点	我的表现	班级或小组的表现
平等地对讨论做出贡献	ⓋⓈ —— OK —— NW 我讲了，但不是很多。我觉得我做得很好	VS —— ⓄⓀ —— NW 不是每个人都发言了，直到我们问她怎么想的
提出问题以弄清其他人所说的内容	VS —— ⓄⓀ —— NW 我不需要说明，我理解所有人说的内容	VS —— ⓄⓀ —— NW 几个人要求一个人举例子并且解释他所想的内容
问其他人是怎么想的，以便我们听到所有参与者的想法	ⓋⓈ —— OK —— NW 我很自豪。因为路易斯什么都没说，我很焦虑，所以我问他在想什么，然后他告诉了我们	VS —— OK —— ⓃⓌ 只有我问了某个人他在想什么

◇就全班而言，我们找到了哪些积极参与合作讨论的例子？

◇当我参加讨论时，有没有使用这些例子中的任意一项？请描述你是如何做到这一点的。

◇我如何达到成功的标准？

◇如何提高我参与合作讨论的能力？列出至少两种方法。

引导小组对合作过程进行评估。学生反思的另一种方法是使用讨论本身来汇报课堂话语的有效性。在教师指导的讨论中，教师可以在课堂上提出一些准备好的问题，为每个学生提供反思和评估小组合作表现的机会。同样，根据班级正在努力发展的技能，这种汇报的提示会有所不

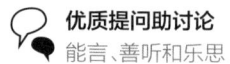

优质提问助讨论
能言、善听和乐思

同。在布沙德女士的四年级课堂的剪辑视频中,她在学生对提示进行独立回答之后,让全班进行反思性对话。她问道:"在我们回答下一个问题之前,你认为我们需要做些什么?作为一个班级我们要做什么?(停顿)查理?"查理回答:"试着再问其他人更多问题,因为我们大多在说自己的事。"

在这个例子中,教师要求学生在分享想法之前独立反思。然而,在没有进行独立反思之前,让学生有效地参与合作思考也是有可能做到的。想象一下:一堂九年级的历史课讨论了大萧条对那些经历过它的人的性格的影响。进一步设想,该课堂注重以下知识运用技能:

◇ 参考文献和相关研究,为讨论做充分的准备。
◇ 将多个来源的证据整合到某人的论点中。
◇ 提出与文本中的想法有关的问题。

在课堂汇报中,教师可以提出以下问题:

◇ 在我们的讨论中,我们需要改进的技能领域之一是在整个讨论过程中引用多个文本和其他信息。你们有什么证据可以证明你们中的许多人把这个技能用在了今天的讨论中?
◇ 在多大程度上,你和班上的其他同学能够将这些不同来源的信息与你的论点联系起来?
◇ 你们中有多少人质疑文本中提出的想法?为什么你认为这是一个难以掌握的技能?

根据讨论的重点和目的,反思性对话的问题将有所不同。假设这个九年级班级已经在讨论中使用合作技能上取得了显著的进步,教师也会偶尔重新调整学生的这些技能,以使每个人保持警惕。例如,在未来的讨论中,教师可能会说:"我注意到你们中的许多人正在彼此的想法上建立观点和提出问题以澄清。"这个口头回应给学生提供了关于他们在掌握讨论技能上的进步的形成性反馈。

反思焦点问题的质量与讨论的动态性。课堂讨论后，在可能的情况下，教师应独立反思，以及和同事一起反思他们对课堂讨论的规划和促进。教师独立反思的主要问题包括以下内容：

◇焦点问题如何对这个课堂产生影响？它产生了我预期的那种思考吗？产生了什么惊喜吗？我可以怎样修改它以便将来讨论这个话题？

◇讨论开场白是如何有效地让所有的学生准备好参与的？

◇具体来说，我做了什么来帮助学生思考和说话？

◇我还能做什么来支持和维持学生的思考与交谈？

◇所有的学生在多大程度上能舒适地贡献于讨论？

◇学生们以什么方式表现出对彼此观点的尊重？

◇到我们班来的人会注意到哪些对话文化？

◇学生在何种程度上表现出特定技能的进步？有什么证据支持这种评估？

如果教师对课堂讨论做记录，他们可以更好地回答这些问题。我们强烈推荐这种做法，即使不是在每次课堂讨论上都做，至少要以一定的频率有规律地使用。

虽然教师可以对讨论进行独立反思，但当与由专业学习共同体、年级的团队或者专业团队组成的一组同事合作进行反思时，反思才能更强大和富有成效。如果两个教师围绕同一个问题进行讨论，并且可以比较学生的反应和互动，这是很有帮助的。当然，这并不总是可行的。即使你的同事没有和你在同一天进行同样的讨论，一个反思的合作伙伴或多个合作伙伴可以帮助我们每个人把我们的回顾性思考提高到更深的层次。

反思应该引导学生和教师为将来的讨论设定目标。应鼓励学生反思他们在特定讨论中的参与情况，随后设定新的目标。教师可以为自己和学生制定新的目标。

辅导过程

教师指导的讨论是教师示范、搭建支架和以其他方式训练学生的技能和素养的场所，以便他们成为深思熟虑的发言者和有礼貌的听众。教师可以利用讨论过程的阶段（参见图 3.1）来创建和执行能支持学生发展特定技能和素养的计划。在教师计划和促进讨论以加深学生对内容的学习，并培养学生在没有明显教师指导的情况下熟练进行讨论的能力时，与此过程中的五个阶段相关的工具和策略可以支持教师。

教师指导的讨论也引入了一种模式，学生会知道何时参与结构化小组讨论和学生自主讨论。教师与学生的角色和职责在结构化小组和学生自主的环境中会发生变化。教师不采取行动，承担起观察员、支持者和监督者的角色。学生越来越多地负责发起和维持讨论的过程，监督自己和同伴对目标技能和素养的使用，在自己的学习中掌握主导权，以及在班级共同体中对他人的学习做出贡献。

第三章
教师指导的讨论：教师在讨论的五个阶段进行辅导

> **反思和连接**
>
> 在本章中，我们研究了讨论的五个阶段——从准备到反思。当你思考以下问题时，想想你班上的学生和你的同事：
>
> 准备：合作准备讨论的优势是什么？你可以和学校里的哪些同事合作思考和计划更有效地使用课堂讨论？让学生参与准备过程怎么样？你该如何融入学生的声音？
>
> 开场：你认为计划讨论开场最重要的原因是什么？考虑到你的学生的年龄和发展水平，你的课堂的开场应该是什么样的？
>
> 维持：反思你当前指导讨论的方法。当你阅读关于维持讨论的材料时，你有什么新见解？
>
> 结束：你对"结束"讨论有什么看法？有多少次你的学生在讨论结束后还有更多的问题需要思考？
>
> 反思：你是以何种方式将反思作为一种形成性反馈来确保学生在发展讨论技能上取得进步的？反思是如何帮助你磨炼规划和指导讨论的技能的？
>
> 你什么时候可以和学生一起使用教师指导的讨论？

■ 第四章

结构化小组讨论：
使用协议为讨论技能搭建支架

我们如何战略性地使用小组结构来培养学生的讨论技能？

幼儿园的孩子们兴奋地聚在一起听老师朗读，每个人坐在大地毯的一个正方形上，微微摆动。"站起来拥抱你的同伴，用同伴讨论的声音问好。"格拉斯女士说。每个孩子都站起来，面对相邻正方形上的同伴，互相拥抱。他们小声地互相交谈。"谢谢！"格拉斯女士说，"现在坐下。"格拉斯女士在孩子们坐下的时候停顿了一下，随后继续说道："我准备读一本书。当你们听故事时，请使用0级声音。"她在声级挂图上指向"0"（见图4.1），"0级声音是什么意思？"孩子们想回答，但他们记得课堂规则是不能举手。一两个孩子坐在他们自己的手上，以免自己举手。格拉斯女士让伊恩来回答问题。"0级声音意味着我们不能说话。"格拉斯女士示范了伊恩所说的内容，然后在课堂上说："如果你们同意，请告诉我。"所有的孩子都竖起了大拇指。"好的。让我们开始读一本新的书吧。"

```
0 ———— 1 ———— 2 ———— 3 ———— 4 ———— 5
不讲话   小声讨论  同伴讨论  小组讨论  课堂讨论  户外讨论
```

图4.1　课堂声级范围

第四章
结构化小组讨论：使用协议为讨论技能搭建支架

"看看书封面上的图片。"格拉斯女士说。她再次指向挂图上的 0 级声音，并将手指放在嘴唇上，以提示她的学生这是一个她想让他们思考并在心中作答的问题。"仔细看图片并思考：这本书的内容可能是什么？为你的预测提供理由。"当孩子们研究图片并思考她的问题时，格拉斯女士默默地等待，然后继续说："与你的伙伴谈谈你的答案。"所有学生都站着面对他们的伙伴，每个人都在说话和倾听。格拉斯女士在学生中间走动，听取他们的谈话。

"感谢你们使用 2 级声音——同伴讨论的声音。"她说，"坐下来，我们会听到你在想什么。当我叫到你时，记得用你课堂讨论的声音。"格拉斯女士在挂图上指向数字"4"，以引起所有人的注意，并问："你的预测是什么？"她又停了一下。"杰西？"班级转向杰西并听取她的回答："我们认为这个故事涉及有篷的四轮马车，因为我们看到一家人坐在由马拉的四轮马车上。"一个令人舒适的停顿之后是第二个学生的评论："我们看到了同样的画面。我们认为故事是关于走在马车后面的小女孩的。"在又一次停顿之后，有学生补充道："我们认为他们可能会迷路。他们正在看田野里的鲜花，没有注意到他们的爸爸和妈妈。"格拉斯女士接受了另外两个学生的评论——每个都建立在先前的评论之上——然后开始阅读这本书。她又停下来并提问了四次。每个问题她都让孩子们站起来回答，与他们的伙伴交谈，并与大团体分享。

这个小插曲是否描述了"讨论"？想想我们在第二章中提供的讨论的定义：讨论是一个过程，通过它，每个学生以有纪律的方式表达他们的想法。他们通过与他人互动来获得意义，并促进个人和集体对问题的理解。成对的学生使用结构化的过程来思考、说话和倾听，并形成对正在倾听的故事的个人和集体理解。这位幼儿园老师正在为这些孩子搭建重要的讨论技能，同时让他们参与思维训练。我们的观点是，这确实可以被称为讨论，一

Questioning for Classroom Discussion
Purposeful Speaking, Engaged Listening, Deep Thinking

优质提问助讨论
能言、善听和乐思

种由小组结构内的协议构成的讨论。

在本章中，我们将聚焦于小组讨论、学生对学生讨论的结构，这些讨论可以促进学习和讨论技能的发展。回顾一下格拉斯女士的课堂，你认为以下哪个提问目的已经完成？（参见表1.1，回顾背诵和讨论中提问的目的）

◇学生是否将含义内化？是否联系了已有的知识？

◇他们是否扩展或深化了他们的想法？

◇学生是否倾听、理解并欣赏不同的观点？

◇他们是否反思了自己和他人的看法？

◇学生是否正在培养对小组合作很重要的生活技能？

格拉斯女士使用"思考—配对—分享"结构，让学生回应开放式预测性问题，实现了大部分目标，并让所有学生互相交谈。她巧妙地运用"思考时间"，期望所有学生都能做出回应并准备回答，这有助于加强学生的参与和学生的思考。同时，结构本身可以帮助学生培养重要的社交技能（与同伴交谈和倾听）和认知技能（做出预测和提供理由），为他们在整个小组中讨论更困难的问题做准备。结构被反复使用，教师又有意提醒学生注意对这些技能的使用，是希望学生将它们迁移到其他课堂互动或课堂以外的环境。

小组结构，例如"思考—配对—分享"，对于吸引学生并让每个人都有责任准备好回答所有的问题特别有用（Walsh & Sattes，2005，2011）。与传统的课堂响应模式——一次一个学生自愿回答问题——不同，结构化的小组模式可以让每个学生在课堂上与同学一起思考、说话、倾听和协作，这些模式可以有多种用途。教师可以经常在复习课中使用它们并检查学生的理解情况。我们在第三章中将它们作为激活讨论和讨论停滞后启动学生谈话的手段。然而，当教师将这些结构与焦点问题结合使用时，许多结构也可以作为真正讨论的"容器"，这些焦点问题促使学生思考，以加深

第四章
结构化小组讨论：使用协议为讨论技能搭建支架

理解和意义（超越简单回忆）。在本章中，我们将以小组结构为特点，鼓励学生彼此交谈（而不是与老师交谈），在质疑和重视不同的观点时仔细倾听彼此，并运用他们的知识加深理解。

那么我们如何定义结构化小组讨论呢？我们认为它是一种环境，在这种环境中，协议或精心定义的程序控制有限数量的学生互动，并支持集中思考和有意识地使用讨论技能。虽然选择什么样的协议是特定的小组结构最明显的特征，但其他结构特征也会影响学生互动的性质和质量，包括小组大小、小组成员、小组成员的角色和职责，以及小组的基本规则。教师通过参考学习目标——内容学习目标和与学生技能发展与讨论的素养有关的过程目标——来决定协议和其他四个结构特征。

我们在本章中回顾的小组结构首先出现在表4.1中，分为五个小组或组织单位，其中每个都代表一串用于讨论的技能。这五个组织单位是：

1. 增强发言能力。
2. 学会安静地倾听。
3. 学会欣赏多种观点，深化对文本的理解。
4. 学会礼貌地表达赞同或反对。
5. 学会提问。

这些组织单位展示了三类技能（社交、认知和知识运用）中不同技能之间的相互作用。学生在参加有纪律的小组讨论时必须从三种技能中汲取灵感；这些技能是相互依存且相辅相成的。

我们选择了16个小组结构，我们相信每个结构都可以用来提高学生的讨论技能。为了达到这个目的，教师必须有意识地将协议与教学目的相匹配，并且清晰地向学生透露对使用特定技能的期望。我们同意《思维可视化》(*Making Thinking Visible*)的作者的观点，重复和一致地使用所选协议将有助于学生发展和提高认知技能（Ritchhart, Church, & Morrison,

优质提问助讨论
能言、善听和乐思

2011);我们也相信这种方法可以发展社交和知识运用技能。

表4.1中的结构并不构成一个详尽的列表,但它们促进了各种教学目的,并帮助学生发展第二章所述的讨论技能。所有这些协议都使用提问来促进讨论,并服务于以下目的:

◇通过说话和倾听来帮助学生学习和记住重要的内容,从而阐明他们自己的想法。

◇向教师提供有关学生理解水平(或误解)的信息,以便教师有目的地计划后续步骤。

◇让学生超越"记忆"认知水平进行思考。

◇支持并提供讨论所需的重要社交和认知技能练习。

◇对学生回应的机会建立公平预期。

◇保持体贴和安全的氛围,帮助学生体验真正无风险的课堂环境。

使用小组结构的另一个好处是教师有机会监督和指导个人与团体。当教师在教室里走动,倾听学生对话时,他们可以通过发表评论或使用第三章中描述的其他支架来提供现场辅导。此外,教师可以形成性地评估学生对内容的理解和他们对讨论的使用技能,记笔记,以便之后给学生反馈,并规划后续步骤。

结构化小组的使用还允许在需要时灵活地区别对待。例如,教师可以指定不同的阅读段落以匹配不同学生群体的阅读水平,提前计划与需要密集辅导内容的学生一起工作,或者让那些掌握了核心知识和技能的学生参与更开放的学生自主讨论,以深入思考。

第四章
结构化小组讨论：使用协议为讨论技能搭建支架

表 4.1 根据讨论技能的关系组织的协议

技能集和相关协议	社交技能	认知技能	知识运用技能
增强发言能力 思考—配对—分享 阅读—写作—配对—分享	◇与同学交谈（不仅仅是与老师交谈） ◇参与讨论，并使其他同学能从中受益 ◇清楚地表达自己的想法 ◇主动倾听（比如看着说话的同学并做出一定的肢体动作） ◇准确理解其他同学的发言 ◇详细阐述同学们的评论	◇将已有的知识（学术的和个人的）和讨论话题联系起来 ◇提供理由和书面证据来支持自己的观点 ◇对组员的评论提出问题，以澄清思路或论证 ◇对合作完成的解决方案做出贡献	◇从之前的学习、其他的领域和校外资源寻找相关信息 ◇将主题或讨论问题与评论联系起来，不跑题 ◇在被提问的时候，能从课本或其他资源中引用相关的证据
学会安静地倾听 墨水思考 类别地图	◇利用同学停止发言之后的沉默时间来想想他说了什么，并将自己的观点与发言者的观点相比较 ◇清楚地表达自己的想法（最初通过文字形式） ◇详细阐述同学们的评论	◇辨别自己和他人想法的异同 ◇将已有的知识和讨论话题联系起来 ◇对合作完成的解决方案做出贡献	◇从之前的学习、其他的领域和校外资源寻找相关信息 ◇将主题或讨论问题与评论联系起来，不跑题
学会欣赏多种观点，深化对文本的理解 发表意见 最后陈述 为我保留最后陈述 句子—短语—词语 四人共享	◇与同学交谈（不仅仅是与老师交谈） ◇对与自己不同的观点持开放态度 ◇详细阐述同学们的评论 ◇以文明而有礼貌的方式表达反对	◇辨别自己和他人想法的异同 ◇将已有的知识和文本联系起来 ◇提供理由和书面证据来支持自己的观点 ◇提出问题以澄清和更好地理解文本	◇引用文本或其他来源的具体证据 ◇将主题或讨论问题与评论联系起来，不跑题 ◇从之前的学习和个人经验中获取相关信息

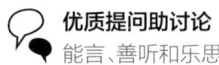

续表

技能集和相关协议	社交技能	认知技能	知识运用技能
	◇利用同学停止发言之后的沉默时间来想想他说了什么，并将自己的观点与发言者的观点相比较 ◇参与讨论，并使其他同学能从中受益 ◇清楚地表达自己的想法 ◇充分地讲解，以便别人能清楚地理解你的想法 ◇解释部分文本	◇问"如果……会怎样"，以促进发散思维 ◇在听取同学的新解决方案或解释时，暂时停止评价 ◇从来自不同发言者的、能把谈话带向更深层次的想法中得出推论 ◇对合作完成的解决方案（或理解）做出贡献	
学会礼貌地表达赞同或反对 人形地图 数据展示 轮桌	◇与同学交谈（不仅仅是与老师交谈） ◇参与讨论，并使其他同学能从中受益 ◇清楚地表达自己的想法 ◇详细阐述同学们的评论 ◇对与自己不同的观点持开放态度 ◇以文明而有礼貌的方式表达反对	◇辨别自己和他人想法的异同 ◇将已有的知识和讨论话题联系起来 ◇分析和评估不同来源的信息 ◇提供理由和书面证据来支持自己的观点 ◇提出问题以确定发言者的假设 ◇提出问题以澄清论点或结论背后的思考或推理 ◇从来自不同发言者的、能把谈话带向更深层次的想法中得出推论 ◇在听取同学的新解决方案或解释时，暂时停止评价	◇引用信息资源 ◇评估信息来源的可信度 ◇将主题或讨论问题与评论联系起来 ◇使用学术词汇和学科话语 ◇从之前的学习、其他的领域和校外资源寻找相关信息 ◇反思并评价对于所讨论问题的个人信念或立场 ◇把当前的社会、经济或文化现象与讨论关注的学术内容联系在一起

续表

技能集和相关协议	社交技能	认知技能	知识运用技能
学会提问 观察—思考—疑惑 思考—疑惑—探索 IQ 小组 提问圈	◇与同学交谈,也与老师交谈 ◇发言清楚而响亮,让每个人都能听见 ◇清楚地表达自己的想法 ◇利用同学停止发言之后的沉默时间来想想他说了什么,并将自己的观点与发言者的观点相比较 ◇在补充自己的观点前进行等待 ◇详细阐述同学们的评论	◇提出问题来阐明或更好地理解主题或文本的实质 ◇在好奇时提问 ◇提出问题以澄清论点或结论背后的思考或推理 ◇问"如果……会怎样",以促进发散思维 ◇在听取同学的新解决方案或解释时,暂时停止评价	◇将已有的知识和讨论话题联系起来 ◇从先前的学习中获得相关信息 ◇反思并评价对于所讨论问题的个人信念或立场 ◇将主题或讨论问题与评论联系起来,不跑题

从配对开始:增强发言能力

　　本章开头的场景演示了在幼儿园课堂中使用"思考—配对—分享"。这种小组结构可用于任何年级或学科领域。它有助于学生将来自文本、教师讲座、视频或问题的信息内化。与正在学习如何讨论的学生一起使用它是非常合适的。一旦学生理解了"思考—配对—分享",他们就会知道这个过程涉及安静地思考自己的答案,并且在老师的提示下,与合作伙伴分享他们的回答。他们学会承担责任,思考自己的答案,并在与同学交谈时清楚地表达自己的想法。此外,他们学习倾听伙伴说话,并在老师的指导下提出问题,以便他们完全理解伙伴的意见。在许多课堂中,这种新的互动方式与传统的教学情境完全不同。在传统的课堂中,教师会进行大部分

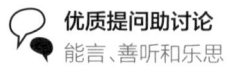
优质提问助讨论
能言、善听和乐思

的讲解和询问。要成功使用"思考 — 配对 — 分享",教师需要奠定基础。

思考一下格拉斯女士在本章开头的场景之前是如何建立成功的小组谈话的。在学年初,当她开始使用"思考 — 配对 — 分享"时,她想到了如何与学生合作。她想要不同的成绩配对和性别匹配,这样她的学生就会觉得和他们的伙伴说话很舒服。她根据学生在阅读和英语语言艺术方面的表现制作了一份名单,将一名排在前三分之一的女孩与一名中间组的女孩配对,并将一名中间组的男孩与一名表现最差的男孩配对。

在格拉斯女士早期使用"思考 — 配对 — 分享"时,为了支持学生承担说话和倾听的责任,她将每组中的学生编号为"1"或"2"。在提出问题并让所有人都有时间思考之后,她提示 1 号在允许时间内发言,然后示意 2 号发言,确保每个学生都有机会表达观点。为了加强倾听以理解,她在大组讨论期间呼吁学生分享他们搭档的发言内容。经过几个月的支架搭建,学生在谈话期间开始一起交谈(而不是轮流发言)。他们学会了说话和倾听 —— 这是在学校内外的讨论中两种基本的社交技能。

在格拉斯女士把书读给学生听几遍之后,可能会有一个简短的由教师指导的全员讨论,这样他们就能理解书中的情节和人物,并对故事发生的历史时期有足够的背景知识。但在现场处理信息时,格拉斯女士提出的问题会有不止一个正确答案,并确保她的问题需要思考。每两个学生一组,就像在课堂上老师提问之后的例行程序一样,每个学生都充分参与倾听和发言的过程。

你可能还记得,格拉斯女士要求她的学生每次配对交谈时都要站立。也许你想知道,"为什么让他们站起来?这不是需要花费很多时间吗?"格拉斯女士的理由是,幼儿园的孩子喜欢动来动去,且不断变换姿势为他们的能量提供了一个出口。此外,她发现,当孩子站立时,她能够倾听他们的谈话,而不必在小组间走动,蹲下又起来。因此,将体育活动纳入"思考 —

第四章
结构化小组讨论：使用协议为讨论技能搭建支架

配对 — 分享"是一个双赢的解决方案。

教师知道在朗读书籍时经常停下来很重要，这样他们就可以提出问题来帮助学生做出预测、考虑后果、理解人物和情节，并将文本内化。但是，这些问题往往只引起一个学生的反应 —— 传统课堂的情况就是如此，其中背诵是主要的提问形式 —— 并非每个学生都能提供回应。此外，教师不了解大多数学生的思考和理解，学生错过了通过思考和倾听他人来将文本内化的机会。配对讨论（从"思考 — 配对 — 分享"开始）是在更大的小组讨论中变得熟练的基础。

"思考 — 配对 — 分享"可以根据更高年级学生的需求进行调整。例如，在"阅读 — 写作 — 配对 — 分享"中，每个学生从文本中读取一段短文，考虑教师提出的与文本相关的问题，反思并写出回复，与合作伙伴配对以进行讨论和比较思考，然后与更大的群体分享回应。这是进行更大范围的讨论或进一步写作的一个很好的前奏 —— 在学生在更大的组内发言或把想法写在纸上之前，谈论启动学生思考的机会。如果学生是异质配对的，那么这样的策略可以确保学生更好地理解这段文章（通过倾听搭档的发言），并准备好为小组讨论贡献他们最好的想法。

学会安静地倾听

一些小组协议使用沉默来进行初始"讨论"的一部分。我们将描述两种这样的协议，它们都能帮助学生提高至少两种社交技能：（1）倾听（通过沉默思考同学的回应并将其与自己的思考进行比较）；（2）合作（通过详细阐述同学的评论）。

第一章将提问之后和回答之后的有意的短暂沉默称为"思考时间"。为了支持深思熟虑的讨论，重建课堂文化的一个必要部分是采用以下规范：

优质提问助讨论
能言、善听和乐思

在讨论过程中使用沉默来处理别人所说的话,重新思考自己的立场,整合思路。

有研究报告了使用思考时间 1 和 2 的几个好处:更多学生回答问题;学生的回应更长、更完善;学生的认知水平更高;学生提出更多问题(Rowe,1986)。在思考时,所有这些成果对于富有成效的讨论都很有价值。在思考时,发言者可以不受干扰地完成他们的回答,而听众可以处理所听的内容,并考虑他们是否同意以及为什么。

我们主张教会学生思考时间"是什么、为什么以及怎么样",以便学生知道如何有效地利用这些沉默时间(Walsh & Sattes,2011)。我们了解到,如果没有学生的参与和投入,就无法实现思考。教师和学生都发现,有人回答后的停顿(思考时间 2)特别难以学习和持续使用。这里介绍的两个协议有助于学生理解沉默对于深层思考的价值。与这些协议相关的沉默比常见的三到五秒的思考时间要多几分钟。这两个协议都开始于沉默地产生想法,并让学生参与三个基本任务:根据提示或问题产生想法,将想法分类,并用一到三个字的标签命名。

墨水思考

"墨水思考"(Ink Think)几乎适用于任何学科领域:科学、数学、英语语言艺术、社会研究、艺术、音乐或外语。学生通常会回顾并默默记录他们对一个或多个问题的看法。他们在一张大纸(在墙上或桌子上)前聚集并记录他们的想法。他们默不作声,阅读彼此的想法并以此为基础建立自己的观点。他们的"思维导图"显示了他们添加想法时想法之间的联系。有时,带着很多问题,小组进入下一站点,阅读第一组的写作,在想法上打钩或

第四章
结构化小组讨论：使用协议为讨论技能搭建支架

画加号("我同意")或问号("我对此表示怀疑")，然后添加他们自己的想法。沉默似乎可以加强学生倾听以理解的能力。这是思想产生阶段。当回到原来的位置时，学生们可能会互相交谈以回顾这些想法，并将它们归纳成主要的概念（分类阶段）。最后，他们一起为每个类别命名。产生/分类/命名是一个有用的模板，学生可以使用它来合作思考，以响应提示。

史蒂文森女士的一年级课程（PS 208, Brooklyn, NY）使用墨水思考来产生想法（没有分类和命名），以帮助学生更深入地探索三个数学概念：更高、更短、更长。老师把问题（"你怎么能证明更长？更短？更高？"）以及对墨水思考的使用说明贴在一个互动白板上。一些学生画了画，说明他们对概念的理解；其他人写了文字或例子。学生们为他们的作品感到骄傲，因为他们在班上与其他人分享！

在一个更复杂的应用中，想象一下中学社会研究课，其中重点是学习阅读信息文本，识别中心思想和其论据，并总结阅读内容（CCSS-ELA.RI.8.2）。该课程的内容重点是 20 世纪 60 年代的美国民权运动。老师选择了四个有力的阅读材料——每个阅读材料的视角和重点略有不同——并为每个班级成员分发了一份阅读材料。学生完成阅读后，会以书面形式回答以下问题：

> 在你被分发到的阅读材料中，作者关于这个国家民权运动的主要观点是什么？请具体一点。准备好借用阅读材料中的文字来支持你的观点。

在学生有时间进行独立反思之后，他们聚集在一个由四到六个学生组成的小组中，每个学生都读过相同的阅读材料。每个学生都使用一个标记，在挂图上静静地记录他们从阅读中获得的主要想法。他们阅读其他学

优质提问助讨论
能言、善听和乐思

生的想法，并在适当的时候通过添加示例或替代词或概念来扩展它们。他们在类似的想法之间画出虚线以显示联系，从而创建一个可视的思想网。分配给这部分小组结构的时间是可以变化的。在这种情况下，老师会给学生三到四分钟的时间，因为阅读材料是复杂的，学生已经成熟，可以积极地利用这种沉默（延长的"思考时间"）深入了解自己的思想，并在彼此的想法之上建立自己的观点。

学生在墨水思考中对自己的学习负责。他们喜欢这个环节，以及他们可以同意或不同意其他人的回答的这个念头。思考和学习的证据是可见的，我喜欢这一点。总的来说，学生们知道他们都需要时间思考。（作为墨水思考的结果）我让学生告诉别人他们需要等待，因为有些学生还在思考。过去，学生有时试图通过让其他学生回答问题来度日。今年，学生们在讨论中做出回应；他们知道我期望每个人都有回应。

—— 来自得克萨斯州西博洛维德斯坦小学三年级英语、阅读和社会研究教师齐默尔曼（Zimmerman）女士的反思

当教师提醒时间已到时，小组成员会审查他们在纸上所写的内容，确定相关的观点。当学生们沉默地写下这些想法时，这些想法在他们讨论想法如何相互关联并形成更大的想法时得到了扩展。他们讨论观点之间的联系并形成更大的观点，这使得学生在墨水思考时写下的观点得到扩展，想法变得清晰。这些不同的想法成为小组对其阅读的总结。为了准备与整个班级共享，小组为每个类别的想法创建名称（一到三个字词）。例如，一个小组收集了他们的想法并创造了以下"重要思想"：歧视，吉姆克劳法

第四章
结构化小组讨论：使用协议为讨论技能搭建支架

律，难以改变，学校隔离，非暴力不合作，警察暴力和投票权。

最后，当每个小组汇报其阅读材料的摘要时，学生会倾听，而且每个人都要记录与他们从自己小组阅读中发现的想法相似或不同的想法。这项活动为小组或大范围讨论提供材料，因为学生会考虑这样的问题：大多数阅读材料的主要观点是什么？你认为哪些想法是某篇阅读材料独一无二的？推测为什么某个作者突出了一个特定的想法，而其他作者都没有。

上述程序的替代方案是让学生重新组合以进行分享的最后步骤，每个新组包括来自四个原始团队的至少一个学生代表。这些重组的小组从一个站点移动到另一个站点。参与每个站点创作的组员对他们组的思考有共同的结论。当每个小组在所有站点转了一圈后，成员讨论哪些观点出现在好几篇阅读材料中，哪些观点是某一篇阅读材料独有的，然后推测原因。

当学生汇报这种类型的学习经历时，他们很容易看到与同伴学习的好处，而不是独自学习。他们认识到，阅读同一篇文章的学生可能会根据他们自己的经历和信念从文本中获得不同的理解与见解（参见第二章的推论阶梯）。学生们明白，当他们倾听别人的想法时，他们的思想也会得到提升。他们还深入了解沉默的价值，以此来扩展他们的思维和倾听技能。参与墨水思考可提高学生对思考时间的价值的认识；沉默有助于他们更好地"倾听"彼此；这种思考的暂停会延续到其他课堂讨论中。

只有少数学生参与传统的课堂问答活动。当我使用墨水思考时，他们都参与其中——他们感觉自己有机会和责任给予输出。有时我会将他们在墨水思考中的想法留一两个星期。学生可以随意添加回复。无论我们谈论的主题是什么，它都会引发对话。

作为一名英语教师，我怎样强调沟通、尊重和谨慎的自我表达的重要性都不为

优质提问助讨论
能言、善听和乐思

过。墨水思考等策略有助于建立学生与学生以及教师与学生的共同体。它有助于为自我反思和表达创造一个安全的避风港。重点是激励学生更长时间地对话题进行讨论,更深入地探索,准备为课堂讨论做出可行的贡献。一个学生意识到他自己的想法是强大的,并能足够自在地说出他自己的声音,这是一件美好的事情。这就是使用这类策略的好处。

—— 来自得克萨斯州谢茨市克莱门斯高中英语语言艺术教师居里·诺维科夫（Carie Novikoff）的反思

类别地图

"类别地图"（Affinity Mapping,另一种"生成 — 分类 — 命名"活动）最常用于在单元开始时显示先验知识,或在单元结束时巩固学习和复习。以下是三年级科学课的内容,学生们正在努力达到表现标准的"杰出"类别：为各种生物创建分类方法,并评估结构适应特定环境的程度。

老师提出了第一个问题：形成一份生物列表,并将每个示例写在单独的便签上。每个学生都会独立地、默默地写出生物的名称,并将每个想法清晰地写在一个单独的便利贴上。然后,在由四到六个学生组成的小组中,他们安静地将他们的便利贴张贴在一张大纸上,以便回答以下问题：假设你的小组负责创建一个分类系统,即一种将生物分入由类似对象组成的类别的方法,你会如何将生物组合在一起,为什么？

当学生沉默地张贴便利贴时,他们会阅读他人的想法,并将它们分成相似的类别,在阅读和思考时添加想法。在这段沉默时间内,总会出现可以在下一步中讨论的问题（例如,"为什么她将这两者归为一类？""它们为什么相关,或者它们是什么？"）。时间一到,学生们互相交谈并确定他们的

第四章
结构化小组讨论：使用协议为讨论技能搭建支架

分组方法，移动便利贴以组成他们都认同的类别。他们必须通过讨论，从而对生物体分类的方法达成共识。在这个过程中，他们可能会添加更多便利贴，以创建未表示的类别。学生完成分类步骤后，会为每个类别命名。

当在一个单元的开头使用类别地图时，就像在这个例子中，教师可以了解到学生当前对该主题的理解（在这个例子中，生物类别——学生是否列出哺乳动物、爬行动物、鱼、鸟、树、花和细菌？）。教师还能了解学生的误解（例如，学生是否忘记了主要类别，例如人和植物？或者包括了无生命的东西，如岩石、泥土和汽车？）。

学会欣赏多种观点，深化对文本或其他媒介的理解

阅读理解是所有科目学习的基础。深刻理解涉及创造个人理解，因为学生将他们已知的内容与他们正在阅读的内容联系起来。最好的方法是让读者有机会在安静的阅读和思考之后，在与他人分享自己的想法之前，找到自己的理解。与同学分享有两个主要目的：个人对阅读和思考的责任感以及通过发言和倾听来扩展学习的机会。哈蒙德和内塞尔（Hammond & Nessel，2011）总结了维果茨基（Vygotsky）关于思考、言语和学习之间的关系："学习者必须通过与教师、与彼此和与自己交谈才能学习"（p.20）。

我们在本节中描述的五个协议鼓励对文本的探索和理解；然而，它们都可用于加深对视觉艺术或音乐、科学实验的结果、数学问题或概念的理解。这些协议帮助学生有目的地阅读，通过结构化过程讨论文本，并了解其他人对阅读的不同解释。听取不同的观点可以扩展每个学生的理解。

研究报告说，优秀的读者比糟糕的读者更倾向于从文本中选择更多的信息来记忆；此外，他们选择的信息更有可能被教师视为重要信息

优质提问助讨论
能言、善听和乐思

（Hammond & Nessel，2011）。这项研究对在以文本为基础的讨论结构中运用分组有一定的启示。根据阅读能力将文章分成不同的类别，可能会让阅读能力较差的读者对文章的重点有更深刻的认识，而只靠他们自己可能无法很快掌握其中的思想。

发表意见

"发表意见"（Say Something）是一个简单的配对活动，对帮助学生处理列表或密集文本特别有用。学生两人一组安静地阅读指定的段落，然后转向他们的搭档，告诉他们所读的内容：它对他们意味着什么，它为他们提出了什么问题，或者他们以何种方式同意或不同意文本的内容。通常情况下，在一次阅读和配对分享后，老师会邀请整个小组分享，并询问学生"你听到你的搭档说了什么？"和"你同意还是不同意，为什么？"。

一旦学生学会了有条理地阅读——知道他们需要阅读理解，这样他们就可以说出他们所读到的内容——教师可以增加一项要求：确定文本的哪些部分引起了学生的问题或想法。除仔细倾听之外，还鼓励合作伙伴互相询问，"该段的哪一部分让你想到这一点？"或者"在文中，什么引导你得出这个结论？"。简而言之，这种结构可以帮助建立积极倾听的重要技能，提出问题以更好地理解发言者的观点，并鼓励同伴引用文本证据来支持他们的评论。

一旦学生学习了阅读的基本知识，并转而谈论一段文章的意义，就可以进入讨论了。在每个学生发言之后，两人小组讨论共同的想法：我们是否理解文本在传达什么？我们理解词汇了吗？文本是否支持这两种想法（如果不同）？我们是否可以就这一阅读（或诗歌、艺术作品等）的总结陈述达成一致？

最后陈述

"最后陈述"（The Final Word）是一个基于文本的结构，有许多用途，其中包括以下学生技能的支架：(1)阅读理解；(2)学习欣赏从单一阅读段落中产生的不同观点。这个来自美国国家学校改革委员会（http://www.nsrfharmony.org/free-resources/protocols/text）的协议也有助于：(3)培养详尽发言的能力并使思考可见；(4)释义选定的文本；(5)确保参与的公平性。倾听技能得到加强，因为学生(6)有意使用沉默（一次只有一个学生发言）来比较自己的想法和发言者的想法。下面是该协议的工作原理：

◇ 提前阅读：阅读一篇文章，找到值得讨论的两到三个重要思想。

◇ 在三到五人小组中（我们最喜欢四个）坐下，以便所有人都可以看到其他人并听到其他人说话，选择一个主持人（以确保遵守协议）和一个计时员（提醒发言者时间已到）。

◇ 在整个协议中，当一个人发言时，其他人都在倾听。没有来回讨论，也没有发言的中断。所有人都认真倾听。

◇ 主动发言者首先提出一个想法，并指出它在文本中的位置。发言者有两分钟的时间来陈述这个想法——解释为什么他认为这很重要，同意或不同意作者，或提出与该想法相关的问题。

◇ 其他小组成员依次会在不超过一分钟的时间内对发言人的想法发表评论——添加、阐明、提出不同的观点，等等。

◇ 当所有人都提出想法后，最初的发言者最多只有一分钟的时间发表"最后陈述"。这是发言者澄清他对他所介绍的想法的思考的机会。

◇ 就这样，每个小组成员依次提出一个想法，发言并听取其他人的讨论。

该协议最强大的结果是对一个主题产生不同的观点。因为一次只有

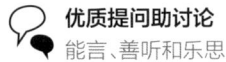
优质提问助讨论
能言、善听和乐思

一个人发言,而且小组中的其他人被要求在轮到他们时做出回应,所有学生都有倾听并比较所说内容的可能。虽然与最后陈述相关的协议在一开始看起来可能不太自然,但它的好处会大于最初的不适。

基于文本的协议有什么价值?

以下是"最后陈述"小组分享的参与者的反思反馈示例:

◇ "每个人都能平等参与;没有人可以主导小组的讨论。"

◇ "每个人都会听我说话!"

◇ "我通常不喜欢在小组中发言,所以我很紧张。但是我做到了,我发言越来越容易了。"

◇ "我终于在不被打断的情况下讲完了一个想法。"

◇ "我不认为我可以谈很久,但我做到了。"

◇ "它让你思考;你必须考虑你的想法 —— 所以你可以谈论它。"

◇ "每个人都表现出尊重。安静有助于我们所有人都注意并专注于别人所说的话。沉默很难做到,但它可以让你倾听别人的声音。"

为我保留最后陈述

"为我保留最后陈述"(Save the Last Word for Me)类似于最后陈述,只做了一些修改:第一个主动发言者提供了一个他在阅读文本时发现的有趣的想法,指向文本节选所在的位置并大声朗读给同学。此时学生不会选择进行评论,而是听其他小组成员轮流发言。对发言时间进行限制是可以根据课堂的组成选择的。在其他小组成员发言之后,将发表"最后陈述"的

第四章
结构化小组讨论：使用协议为讨论技能搭建支架

机会给予该想法的发起者。这个学生将其他人所说的内容融入他的思想。使用相同的协议，依次引入其他组员从文本中获得的想法。

所有这三个协议——发表意见、最后陈述和为我保留最后陈述——确保没有两个学生会同时发言。一位使用这些协议的老师评论说："课堂上的声音含有一种能量，让我知道学生正在互相倾听，正在思考。我喜欢它们！"

四人共享

"四人共享"（Four-Square Share）是另一种使学生能够学习他人观点的小组结构。学生通过阅读一篇文章并撰写摘要来做准备，然后按照老师的指示组成四人小组。每次由一个学生与其他小组成员分享他的总结。当其中一个学生发言时，其他人会倾听并记笔记。在所有小组成员分享完之后，他们进行简短的讨论，寻找整个小组的共同想法以及之前未提及的相关想法。最后，每个学生独立写一两句话的总结，并从其他学生那里得到相关的想法。教师可以收集每个学生的作品，以获得与三个重要技能相关的有价值的形成性反馈：学生如何独立地理解该段落，倾听和理解彼此，并将其他人的想法纳入他们自己最终的想法。

四人共享的例子

马罗塔女士在纽约史坦顿岛教二年级学生。她要求学生阅读一篇关于帝国大厦建设的文章和另一篇关于纽约市桥梁的文章。学生们在文章的左上角写下了他们阅读的摘要，与小组中的其他人分享（听众在他们文章的四个角落之一记下笔记），并讨论了他们每个人从文章中和他人身上学到的东西。在分享和讨论之后，

115

优质提问助讨论
能言、善听和乐思

每个学生单独写下第二个摘要(在页面中间的一个方框中)并将其交给老师。老师和我们分享了两个例子,很明显,学生们都认真地听了其他小组成员的发言。其中一个学生在最后的总结中写了许多其他学生总结的例子。在另一个例子中,小组讨论使学生能够更好地理解段落的主要思想。一个学生最初认为文章是关于纽约特定的隧道和桥梁的。在听取了其他学生的总结后,他知道文章是关于桥梁和隧道在连接城市自治区方面的重要作用的。

句子 — 短语 — 词语

另一种支持有意义的结构化小组讨论的协议是"句子 — 短语 — 词语"(Sentence-Phrase-Word),在《思维可视化》(Ritchhart et al., 2011)中有描述。当学生阅读指定的文本时,他们会识别出重要的想法。当他们完成后,他们会记录或标出三件事:(1)对于段落意义重要的句子;(2)对他们有意义的短语;(3)段落中看起来特别有用的词语,可以对阅读材料进行总结或捕捉主要想法。每四个学生组成一组。小组主持人要求一个学生分享他选择的句子,指出其在文章中的位置,并解释为什么选择该句子。其他小组成员在他们的文本中(无声地)阅读此句子并将其与他们自己的选择进行比较。重复此过程,直到四个小组成员都分享了一个句子。然后,主持人带领小组讨论这些问题:这些句子是否有共性?共同点是什么?哪一个句子最能说明这段文本的意思?经过讨论,教师可以要求每个小组就最能体现该段落意义的句子达成共识,并让小组记录员将其写在纸上与其他同学分享。学生使用相同的过程分享他们的短语和词语,并在每轮分享后进行讨论。最后,小组回顾阅读材料并问自己:"我们是否遗漏了阅读材料中的要点?我们是否要在讨论摘要中添加词语或短语?"

第四章
结构化小组讨论：使用协议为讨论技能搭建支架

学会礼貌地表达赞同或反对

如果学生不知道如何礼貌地提出反对，这三种协议——"人形地图""数据展示"和"轮桌"——可以帮助他们了解并尊重不同的、合理的观点。这些都是围绕有争议的问题进行小组讨论时很好的策略。它们也可以让学生为整个小组的讨论做准备，就像第三章中的"人形地图"所示。此外，这些协议支撑了重要的认知技能：识别自己与他人的想法之间的异同，提出问题以确定发言者的假设，以及学习引用有可靠来源的信息为自己的观点辩护。在学生参与这些协议之前或之后，与他们分享第二章中介绍的推论阶梯也许会有所帮助。

人形地图

在"人形地图"（People-Graph）中，教师发表一段有争议的陈述，并在学生有时间进行个人反思之后，要求学生站在一条线上"表明立场"。这条线从教室的一端延伸到另一端，一端表示强烈赞同，另一端表示强烈反对。学生可以站在这条线上的任何一端或某个位置来表达他们的观点。第三章描述了如何使用这个协议作为教师指导的讨论的开场，但这对于小组讨论也是一个很好的环节。例如，想象一下你提出了如下问题：

在20世纪40、50和60年代，美国通过征兵草案填补了志愿兵役空缺的职位。该草案于1973年废除；如今军队完全是志愿入伍的。你认为这是个好主意吗？

如果你完全同意志愿入伍是为军队配备人员的最佳方式，站到线的

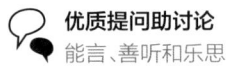

优质提问助讨论
能言、善听和乐思

末端写着"强烈赞同"的地方;如果你"强烈反对",并认为征兵是武装部队的最佳人员配备方式,那就站到另一端去。移动到中间的任何地方,以显示你在这两种观点之间的位置。准备好为你的立场解释和辩护。

当学生们"站在自己的立场上"后,他们会与"人形地图"上附近的三到四个学生聚在一起,阐明选择自己立场的理由,准备与更大的群体分享和讨论。在小组有足够的时间记录和解释他们的立场后,老师让其中几个小组与全班分享。此时,并不是立即进入讨论,每个倾听的小组聚在一起确定:(1)他们想要向发言小组提出的问题;(2)他们想要找到的支持或反对发言小组立场的资料。

开展研究和提出问题的机会,可以逆转学生将自己的立场建立在假设和想法而非事实上的倾向。通过研究问题来支持或反驳自己和他人的观点,有助于学生了解大多数陈述都有多个观点,人们可以通过倾听他人来学习。留出时间让学生研究他们的问题,以便班级成员准备就这个话题进行深入讨论(可能是在第二天)。

数据展示

帮助学生理解和欣赏不同观点的第二个协议是"数据展示"(Data on Display)。教师提供四到五个陈述,让学生表示赞同或反对。学生们独立且安静地阅读每个陈述,并划分他们的同意程度,从100%(非常同意)到50%(既同意又不同意)再到0%(非常不同意)。然后,学生们使用便利贴创建表示他们对每个陈述的赞同程度的展示图(见图4.2)。学生们独立而沉默地观看张贴的结果并思考:什么让我感到惊讶?这些数据给我提出了什么问题?我看到了什么模式?我能从这些数据中推断出什么?我能得出什么

第四章
结构化小组讨论：使用协议为讨论技能搭建支架

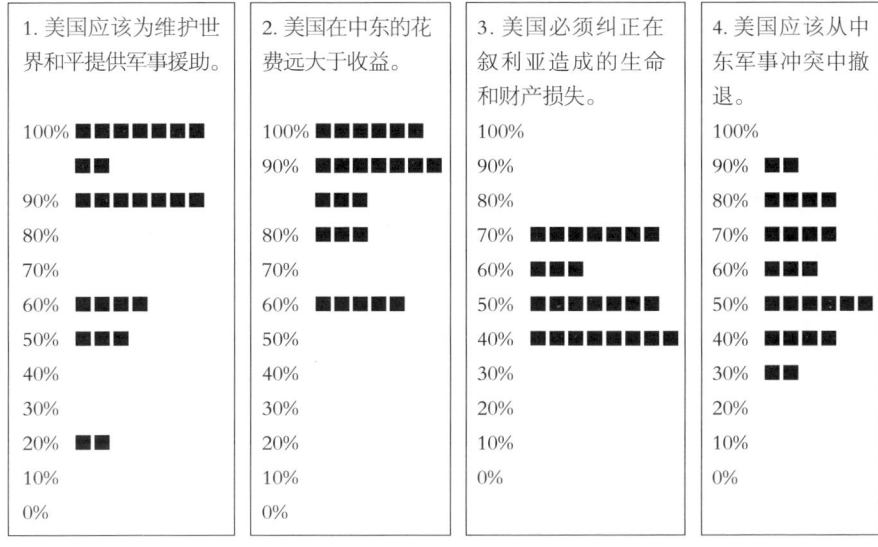

图 4.2 数据展示图示例

结论？在小组中，学生们分享他们的一些结论和问题，独立反思和排序，随后进行小组讨论，并为教师指导的讨论（例如，鱼缸法或全班讨论）做准备。

数据展示帮助学生看到和理解不同的观点。应试图理解展示图，因为集体的数据可以防止个体只"挖掘"和为自己的观点辩护。这个过程几乎总是能实现对最初陈述中的用词、不同观点之间的细微差别以及分享和支持观点的价值的更深理解。

想象一下，以第三章罗斯福在日本轰炸珍珠港后决定结束美国孤立主义的例子为基础，要求学生们思考美国在当今世界冲突中的角色，并回答他们在多大程度上同意图 4.2 中的问题。

轮桌

在"轮桌"（Table Rounds）中，小组成员在研究话题或观点后，使用在

119

Questioning for Classroom Discussion
Purposeful Speaking, Engaged Listening, Deep Thinking

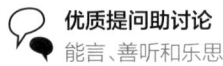
优质提问助讨论
能言、善听和乐思

线研究或完成教师建议的阅读材料的方法倾听、质疑、捍卫不同的观点。杰姬为课堂创建了轮桌,这源于对适用于大团体的世界咖啡馆结构的修改(Brown & Isaacs,2005)。

作为轮桌讨论准备过程的一部分,教师围绕一个共同的主题或阅读材料提出四个问题以供讨论。这些问题应该是真实的、值得高度关注的,并且能获得不止一个可能的答案。它们应该尽可能地与学生的兴趣和经历相联系。每个学生都会收到这四个问题,并且在进入讨论之前应该有一段安静的时间让他们来思考对这四个问题的看法。

房间设有四张桌子(或一组桌子),这样五到七个学生就可以聚在一起。每张桌子的表面都有一张"桌布",即一张画架纸或工作纸——学生可以在上面书写或画画。所有学生都应该使用蜡笔或记号笔来记录他们个人认为是讨论中心的观点。

教师将学生分配到四张桌子中的一张,每张桌子都有一个用来思考和讨论的问题。教师指定每张桌子上的一个学生担任"桌子主持人"或讨论主持人。当学生在他们的小组中讨论问题时,他们互相倾听,通过口头上表示同意,礼貌地表示不同意或提出问题和见解来扩展彼此的思维,从而为讨论做出贡献。每个学生都使用一支记号笔(或其他书写工具)来记录关键的、新的想法。鼓励学生使用文字、图形等表达他们的想法。与许多小组结构不同的是,轮桌不要求设立小组记录员,而是邀请每个学生以书面形式提供关键想法,供未来的"访客"考虑。

当教师喊时间到时,学生们站起来并移到另一张桌子上,除了作为桌子主持人的人。这些学生留下来与新人分享第一组的思维。当学生换桌子时,教师鼓励他们形成不同的分组,说:"试着和大多数新人坐在一起;避免与你最初坐在一起的人在一起。"如果不能完全实现,教师可以创建动作卡片,指导每个学生在每次讨论时加入特定的桌子。当第二组聚在一张

第四章
结构化小组讨论：使用协议为讨论技能搭建支架

桌子上时，桌子主持人通过分享已经提出的要点开始小组讨论，这个小组继续讨论相同的问题，捎带以前的评论并添加他们自己的新想法。这样的移动需要再进行两次，以便让每个学生都有机会讨论四个问题。然后学生回归原来的桌子和问题，将主要想法分类，并准备与整个小组分享。

轮桌使用指南

每个人都有机会讨论四个问题 —— 当参与轮桌时，每个问题与一组不同的同学相对应 —— 这是轮桌的工作方式：

1. 查看你的讲义上的四组问题。花一些时间阅读它们，仔细考虑它们，然后记下一些回应，这样你就可以和一小群同学一起讨论它们。

2. 在指定的桌子上开始对话。回答与你的桌子编号相匹配的问题。

（1）小组中的一个人将作为"桌子主持人"。这个人将促进小组的对话 —— 试图确保讨论与主题相关的所有问题，并且确保所有人都参与。

（2）当你倾听和交谈时，每个人都被邀请记下（或说明）你对这个主题的重要想法或问题 —— 为下一个访问你桌子的小组留下资料。

（3）你的老师会在四五分钟后提醒时间到了，每个人都会移动到另一张桌子上。

3. 当你转到第二个小组时，尝试进入小组，其中和你一起在第一组中的学生不超过两个或三个。我们的想法是让同学们在讨论时间内尽可能与最多的讨论者进行对话。

4. 随着新一轮讨论开始，遵循第一次讨论的方式，注意以下内容。

（1）在每次新的一轮中，桌子主持人将总结先前的小组的想法，并留出时间让"新"小组阅读前一小组留下的评论，以激发思考。

（2）在小组讨论期间，请确保将评论添加到"桌布"中。

优质提问助讨论
能言、善听和乐思

5. 经过四轮谈话后,回到最初的桌子。

(1)桌子主持人将领导小组成员审查所有增加的意见。

(2)最后,桌子主持人将带领小组成员讨论在轮桌过程中获得的其他见解。

学会提问

讨论在很多方面与背诵不同。学生必须发展一种重要的认知技能——"质疑",才能参与讨论。在传统课堂中,背诵是主要的提问形式,几乎所有问题都是教师提出的。学生们很好地掌握了这种学习行为:学生回答问题,他们不提出问题。是的,有少数学生似乎总是在问问题,但在大多数情况下,上学的经历是回答(而不是问)问题。事实上,学校观察员很少会记录学生提出基于内容的问题。我们要求你把一节课的内容录下来,并计算教师和学生的问题数量。谁问得更多?我们希望你不属于以上的"模式",但事实上,在许多课堂,学生提问很少见。

提问是学习的关键。它是支持讨论的社交、认知、知识运用技能的一部分。因为它不是学生通常在学校使用或练习的技能,所以提问的技能可能是最难教的。提出问题需要学生真正参与。当学生提出有关内容的问题,表现出困惑或好奇时,我们知道他们正在思考!

帮助学生提出问题的关键是帮助他们理解典型的学校型问题与真实性问题之间的区别。学校型问题的例子是澄清和程序性问题,例如我们应该做什么?如何在不知道距离的情况下解决这个问题?这些问题是必要和常规的,但它们不是真实性问题。一个真实性问题源于真正的好奇心。

在学校里,学生们经常听到或问的大多数问题都不是源于好奇心。例如，如果教师要求学生根据文本、数学问题或艺术作品写出问题，学生可能会写下这样的问题：行星的名字是什么？什么是光合作用？这张照片中的主要颜色是什么？什么引发了革命战争？谁是这本书中的主角？电影（或书）开始时发生了什么，预测后来会发生什么？这些是学生可能已经知道答案的问题。这些问题考查理解，但是它们并未显示出真正的好奇心。

真实性问题涉及学生想知道或者令人费解的事情。对于这些问题，他们没有答案。如以下问题：

◇ 我想知道，如果这个故事部分是自传式的，作者是否有一个孤独的童年？看起来他非常了解贫穷和孤儿的感觉。

◇ 你认为开国元勋的动机是什么？我的意思是，他们不想向英格兰纳税。但是，多年以后，我们正在向政府纳税。这有什么不同？

◇ 我想知道为什么当乘以整数时，我得到一个更大的数字，但当乘以分数时，我会得到一个较小的数字。它似乎是相反的 —— 它应该是除法，而不是乘法。

请注意，问题不一定以问号结束，所有这些问题都是学生思考的迹象，也是他们想要了解更多或者理解一个看似矛盾的现象的愿望。

我们描述的四个协议为学生提出问题提供了实践。它们按需要教师支持递减的顺序排列。一旦学生掌握了技能，问题就变得简单了，这些协议中内置的支架可以不那么频繁地使用，因为问题将成为课堂中自然而有价值的部分。

观察 — 思考 — 疑惑

《思维可视化》中的思考程序之一，"观察 — 思考 — 疑惑"（See-Think-Wonder, STW）是帮助学生学习提出真实性问题的好方法（Ritchhart et al.,

优质提问助讨论
能言、善听和乐思

2011)。首先,教师展示一个每个学生都能清楚看到的图像,让所有人都有足够的时间看清(取决于图像的复杂程度),然后问"你看到了什么?"。在低年级中,以及在高年级最初开始使用时,可以在全班完成,以便学生获得反馈,帮助他们理解他们所看到的内容与他们对看到的内容的想法之间的差异。当整个班级都这么做时,可以鼓励他们注意最初未提及的细节。教师可以记录这些想法,这样所有人都可以看到所说的内容。经过练习后,学生可以小组合作或单独记录,并与合作伙伴分享。

其次,教师问学生,"你能想到什么?"或者"你对你看到的内容有什么看法?"。在这里,我们鼓励推测和解释。当学生回答时,教师会通过询问后续问题来让他们专注于图像,例如"你看到什么让你这么说?"和"图像的这一部分是否会让你想起什么?"。最后,教师揭露具体细节和学生对它的解释,再问"你对你看到的东西有什么疑惑?"或者"它让你疑惑的是什么?"。疑惑是他们想要了解更多;疑惑应该与图像相关。

在学生学习 STW 程序后,他们可以在两个、三个或四个人组成的自我管理小组中工作。教师可能希望创建包含各种学习偏好(如视觉、听觉、人际关系)的异质群体,以便每个群体对他们所"观察 — 思考 — 疑惑"的内容有不同的观点。

观察 — 思考 — 疑惑的实例

供稿人:得克萨斯州谢茨市帕斯卡尔小学四年级数学教师珍妮佛·奥利弗(Jennifer Oliver)。

我正准备教一个用分母来分解分数的单元。相关的四年级数学 TEKS(得克萨斯基本知识和技能)的"我可以"声明如下:4.3 E:我可以使用图片、数字等来加减相同分母的分数。我选择 STW 作为教学策略,因为我想知道我的学生对数轴上

第四章
结构化小组讨论：使用协议为讨论技能搭建支架

的分数加法有多少印象。我还想将 STW 作为一种分析复杂图像的工具进行介绍，包括标准数学考试中的文字题。通过练习，我希望学生们与伙伴一起使用 STW，并且会开始主动地问自己："我看到了什么？""我怎么看待我所看到的？""我对自己看到的内容有什么看法？"

这个班级最近去了一个当地的花园进行实地考察，在那里，他们上了有关迷你花园的园艺课程。他们将园艺与数学中的数组联系起来。我用一张花园的彩色照片把 STW 介绍给我的班级，并问他们"你看到了什么？"。学生的回答包括"一个花园""约六十平方分米的花园""一个格子""分隔广场的绳子"等。然后我问道："你对你看到的内容有什么看法？"学生回答说："我认为这个人喜欢花园，因为花园被维护得很好。""我认为这个花园可以养活一个家庭。"对于每个陈述，我都要求学生回到图片中寻找证据。最后，我问道："你有什么疑惑？"并给出了一个疑惑的例子。学生们提出了一些问题："它附近还有其他花园吗？""我在想是不是那个扔下铁锹的人拍了这张照片？""我在想是不是有一家人在那儿种花？"

既然学生们已经了解了 STW，他们就做好将它应用于数学并相互交谈的准备了。第二天，我给每个班级成员一个如下的数轴。纸上有三个问题："你看到了什么？""你怎么看待你所看到的？""这让你有什么疑惑？"我要求学生独立观察图片并回答这三个问题。

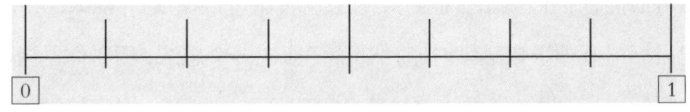

然后，我让学生们与合作伙伴分享他们对第一个问题的答案。我在他们谈话时听到了以下评论："我看到一条数轴。""我看到数轴上有 8 个空格。""我看到一条数轴被分成 8 份。""我看到了一个中点。""我看到数字 0 和 1 之间有 7 条线。""我看到了 9 条线。"在听到"我看到 1/8, 2/8, 3/8, 4/8, 等等"之后，我提供了一个提示："你看到那些数字了吗？"学生回答："没有。"我建议道："好吧，让

优质提问助讨论
能言、善听和乐思

我们暂时搁置你对你所看到的东西的看法,现在就讲你所看到的。那是我们的下一步。"

然后,我让学生们在他们的小组中分享他们在"你怎么看待你所看到的?"这一问题下所写的内容,以下是我听到的一些小组讨论:"他们试图看看在 0 到 1 之间有多少空格,就像数学规律上的数字一样。""这条数轴被分为 8 份。""是的,但只有 7 条分隔线。""我认为这与分数有关。""我认为有人试图在数轴上记录数据。""我认为数轴有 8 个部分。""我认为在 1 之后会有更多的空间。""像杰夫说的那样,我认为这是分数的表现形式。""我认为它还没完成,因为它可以超过 1。""我认为将会有人填补它;上面的这些分隔线之间看起来是空的。""我认为中心线等于 1/2。"

接下来,我希望他们提出问题。"这让你有什么疑惑?在你的小组中走动,并对每一名成员提出一个疑惑。记录员应该记录下这些问题。"当我在教室中来回走动并倾听时,我听到了以下内容:"我想知道我是不是应该这样做我的家庭作业。""我在想数字是否适合数轴。""我在想为什么只有 7/8 而不是 8/8。""我想知道我们是否可以使用这个数轴来做分数加法。""我想知道这个代表的是分数问题还是乘法问题。""我想知道哪种分数会出现在数轴上。""我想知道它是不是在数轴上分解的分数。"

我告诉他们,"你们提出了很多好问题——你们当中的一些人已经融入了我们的学习目标!"我停下来继续说道,"让我们抓住一个想法,看看你是否可以与你的小组一起解决:我想知道数轴上是否会出现分数。请以小组为单位谈谈这个问题或者做出推测。请记住为你的想法提供适当的证据。"

教室里的每个小组都热闹地讨论着。他们很快完成了,因为他们听到其他人说在数轴上有 8 个相等的部分这一想法。然后我又问了另一个我听到的疑惑:"为什么只有 7/8 而不是 8/8?你可以在你的小组中解释一下吗?准备分享。"教室里再一次响起了热闹的讨论声,学生很容易就进入了这一话题的讨论。

第四章
结构化小组讨论：使用协议为讨论技能搭建支架

我通过提出一个问题，让学生在他们的小组中解决来结束课程。"我也有一个疑惑。就像我在教室中来回走动时听到的一样，我想知道如何使用这个数轴来证明这个数学式子：7/8=3/8+4/8？"再次，课堂讨论很快就解决了这一问题，并且学生们似乎理解如何使用数轴来做分数加法。

当我反思这项活动时，我意识到这种结构将来会有所帮助。我打算多使用它，这样我的学生就可以将它作为思考代数和几何问题的工具。第一次使用时，我认为这种结构帮助我的学生提出了一些重要的问题。他们也表达了一些他们可能与同伴在讨论中产生的误解。

思考 — 疑惑 — 探索

另一个在《思维可视化》中受欢迎的思维程序是"思考 — 疑惑 — 探索"（Think-Puzzle-Explore，TPE）（Ritchhart et al., 2011）。"好奇"和"疑惑"这两个动词传达了推动学习的本质。TPE 案例类似于 KWL（你知道什么？你想知道什么？你学到了什么？）。这是教师在单元学习开始时让学生参与的传统方式。不幸的是，KWL 经常让学生为这些问题提供"老师（想要）的答案"。学生只提到他们相当肯定的事实，然后试着猜测对老师来说很重要的东西。我们很少看到这样的课堂："你想知道什么"来自学生提出的真实性问题或疑惑。

TPE 通常在课程或单元开始时使用，以激发学生的兴趣，形成性地评估学生的知识和兴趣，并识别错误观念。有些教师在一个单元的其他地方使用这个方法来对学生的学习进行形成性评估。措辞的差异会产生不同的结果：

◇ "你认为你对（给定的主题）了解多少？"留出足够的时间让学生思

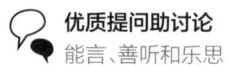

考这个问题。他们可以写出他们的回答,并与一个小组分享,或作为一个大组回应,分享彼此的想法。

◇"你对它有什么问题或疑惑吗?"在第一次的时候,你可以为学生示范,使用诸如"我想知道_____""我对_____很好奇"以及"我真的很想知道_____"的句型。

◇"我们该如何探索你提出的疑惑?"最后,学生们可以通过思考如何解决他们的一些疑惑来了解他们应该如何研究这个主题。"谁知道我们怎样才能更多地了解安德鲁的疑惑?"

见解 — 问题配对

"见解 — 问题配对"(IQ Pairs)使用简单的配对结构,并将问题视为预期结果之一(IQ=Insight/Question)。对于阅读材料、引用、实验、视频或数学问题,请每对学生找出对该主题的见解(他们学到的东西或者一段恍然大悟的体验)以及他们的疑问。教师可以从许多选项中进行选择,让学生分组讨论。一个非常简单的程序是,要求一对学生与另一对学生合并,在那里他们首先分享他们各自的见解,指出文本中每个见解出现的位置,并详细阐述它的含义。然后,每对学生提出一个问题,谈论为什么这会成为疑惑以及他们是如何调查它的。最后,教师可以进行全班分享和讨论。

提问圈

在鼓励学生提问方面,一个名为"提问圈"(Questioning Circle)的基于文本的协议非常有用。与其他几个协议一样,每个学生都会阅读一个共同的文本。这一次,阅读的结果是制定两三个发人深省的、由阅读激发的真

第四章
结构化小组讨论：使用协议为讨论技能搭建支架

实性问题或疑惑。按照类似于"为我保留最后陈述"的协议，每个由四名成员组成的学生小组任命一名主持人（以确保他们遵守协议）和一名计时员（以防止任何一个人垄断讨论）。每组一次只有一个人可以发言；不鼓励反复讨论。主动发言者在文本中引入他的问题所在的位置，以便小组中的其他人能够理解问题的背景。主动发言者阅读文本，然后提出他的问题。反过来，该组的每个成员通过以下方式解决问题：(1)使用和引用来自文本的信息；(2)基于阅读中的先验知识和信息进行推测和判断。当小组的每个成员都提出问题时，提出该问题的人分享他对该问题的看法 —— 参考之前的评论以及文本的相关部分。第二个学生提出一个问题，该小组遵循协议考虑第二个问题。如果时间允许，所有四个学生将提出他们的一个问题供小组思考。

既然你已经考虑了一些有效的小组协议，我们邀请你与我们一起思考你何时可以使用这些协议。结构和有关协议的选择绝不是任意的；这些策略不仅仅是通过谈话"吸引"学生的另一种方式。相反，我们建议教学目的和学生发展水平应该成为指导教师决定在何时使用哪些小组结构的重要因素。实际上，有意识地使用结构化小组讨论是其有效性的关键。接下来我们将讨论这个重要的主题，使用前一章介绍的五阶段讨论过程。

计划进行富有成效的讨论使用的小组结构

讨论过程的各个阶段（参见图3.1）已经过修改，以创建特定于结构化小组讨论的决策和活动的组织结构（见图4.3）。这个组织结构在决定如何组织小组来支持学生在发展讨论技能的同时"一起思考"内容时很有帮助。

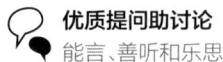

图4.3 规划结构化小组讨论的过程

准备

准备需要在上课之前进行,并且包括以下教师任务:

分析学习目标。如果达到这个目标,学生将会做些什么?他们如何发展必要的知识和技能?下一个适当的教学步骤是什么?

以特定的讨论技能为目标。学生在哪里开发和使用社交技能(如发言、倾听和合作技能)?他们需要学习和实践哪些认知技能?他们可以关注的两三个适当的技能领域是什么?教师会选择或推荐重点区域,或邀请小

组选择他们想要关注的技能区域吗？（有关讨论技能的完整列表，请参阅附录 A）

选择一个支撑目标和技能的结构。选择一个适合学生学习循环的支架。需要注意的是：不要以使用小组结构从而使学生保持忙碌为最终目的。确保它们是有明确目标的。

构建焦点问题或任务。构建一个问题或任务，对此学生将进行合作思考和交谈。这个问题应该是没有单一的正确答案的，应该让学生超越基本记忆水平，要求他们展示理解（如总结、预测、使用证据等）和其他更高层次的思维技能。它还应该让他们以两人或多人为一组互相交谈。

选择文本以帮助学生准备讨论。如果讨论的问题集中在文本上，教师需要为学生选择适当的文本。这种阅读可以在课前或课堂上完成。该文本应与内容标准或学习目标直接相关，具有吸引力、挑战性且发人深省。

决定小组构成。这一重要决定没有灵丹妙药；相反，它将取决于所选择的协议以及学生在与他人交谈时的舒适度和经验。许多教师建立了"家庭小组"，他们在一起待了四到六个星期，这样学生们就可以很舒服地相互合作；当学生已经成为一个有效的小组成员时，用以组织讨论的时间就会变短。学生有时可以离开他们原先的小组转而参与"兴趣小组"，例如读书俱乐部或文学圈，教师可能偶尔通过给学生编号的方式组成随机小组。例如，有时教师会选择随机分组，因为协议（如最后陈述）确保每个人都能公平地做出贡献。如果班级中学生的阅读能力不同，教师可能会故意创建异质群体，以混合不同能力的学生。在另一些时候，把"健谈者"组织在一起，可以帮助学生了解，当别人说得太多时，插嘴是多么困难！同样，由"犹豫的发言者"组成的小组可以向成员证明，如果一个小组要正常运作，每个人都发言是多么重要。（阅读随后的故事，看看一个老师是如何组织讨论小组的）

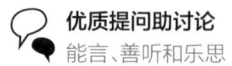

优质提问助讨论
能言、善听和乐思

确定小组规模。所选协议也会影响小组规模。例如,若教师在一个学生人数为 25 人的班级中使用墨水思考创建 5 个问题,则每个组将由 5 个学生组成。但是,如果教师希望学生使用此协议回答 3 个问题,教师就可以为每个问题创建两个组,以保证小组的规模,便于管理。

由于两人小组的有效性及在课堂中应用的广泛性,许多教师开始认真地匹配学生以形成有效的合作小组。然后,他们确定哪些小组可以很好地协同工作,如此便能做到当使用基于文本的协议或其他需要更多学生的协议来产生越来越多样化的响应时,他们可以快速形成四人小组。

组织小组的"分而治之"策略

供稿人:纽约下曼哈顿区社区中学七年级人文教师基姆·西多洛维茨(Kim Sidorowicz)。

在参加完杰姬和贝丝的研讨会之后,我深受启发,并在我的课堂中创建了适当的讨论小组。在我乘火车回家的路上,我开始为我的课堂布局。一直到晚上,我都在思考如何在班级中更好地建立小组。我在综合协同教学(Integrated Co-Teaching, ICT)环境中教授两个七年级班级的人文学科。每个班级有 30 多个学生,他们有各种各样的学习需求及个性化的学习方式。我有很多需要考虑的事情,因为我计划的小组将充分利用他们的才能并让所有学生参与讨论。

在确定我需要将班里的学生分成七个四人小组和一个五人小组之后,我想到了我们在工作坊中使用的小组角色,并挑选最适合这些角色的学生。我阐明了我对每个角色的学生的看法(见表 4.2)。首先,我选择了八个学生作为每个小组的主持人。这些学生是领导者,有足够的自信在团队中发言,而且他们也是很好的读者。我确定了九名计时员/材料管理员(其中一组有两名这种角色),每组的问题/便笺管理员和记录员。

第四章
结构化小组讨论：使用协议为讨论技能搭建支架

表 4.2　小组讨论中不同角色学生的理想特征

主持人/汇报者 （角色1）	计时员/材料管理员（角色2）	问题/便笺管理员（角色3）	记录员 （角色4）
◇被同伴视为积极的领导者 ◇耐心 ◇鼓舞人心 ◇表达清晰 ◇渴望独立的读者	◇需要帮助管理时间 ◇在团体中分享时较不自信 ◇大多数是操作学习者 ◇"仅在被询问/被告知"时阅读，或课外阅读不多	◇通常会问很多问题 ◇阅读水平良好 ◇喜欢按顺序放置物品 ◇在小组分享中有不同的舒适度	◇在课堂上通常很安静，但喜欢写作 ◇擅长做记录 ◇阅读水平良好或略低于年级水平 ◇与同学分享时有不同的舒适度

我将学生按角色分组，复习角色描述，练习工作职责。（参见"小组讨论角色"）。一个特别的"亮点"是计时员可以在智能手机上使用计时器；除此之外，我的课上不允许使用手机。计时员们特别喜欢这样一个事实：他们可以自己调节计时器！在课堂上，时间是至关重要的，所以计时员特别重要。主持人让小型讨论组像运行良好的机器一样运行。他们根据需要重复指示，进一步用"儿童友好型"语言解释指令，并通过让小组关注于任务和话题来帮助小组取得成功。问题/便笺管理员把小组成员的问题写在便笺上。如果是需要立即回答的问题，他们举起便笺表示需要教师帮助。否则，便笺会被放在小组文件夹中，供我们稍后回答。记录员会跟踪对话流程，记录即时的讨论笔记，并向主持人报告。

小组讨论角色

（七年级人文学科　西多洛维茨、辛克莱）

1. 主持人/汇报者

◇使小组成员保持对任务/话题的关注

◇启动讨论并帮助结束讨论

优质提问助讨论
能言、善听和乐思

◇ 关注每一个小组成员,以确保小组中所有的声音都会被听到

◇ 将小组的发现报告给较大的组

2. 计时员 / 材料管理员

◇ 协助时间管理

◇ 为每个小组成员提供发言时间

◇ 组织 / 分发使用的所有材料,并将材料放回适当的位置(材料包括笔记本电脑、笔、纸张等)

◇ 收集作品,并将其放在适当的文件夹或评分篮中

3. 问题 / 便笺管理员

◇ 在便笺上写下小组提出的任何问题

◇ 需要对小组或个人进行说明时,示意教师

◇ 回顾所有指示并在需要时重申

◇ 在月末填写小组评级报告

4. 记录员

◇ 以小组活动所需的格式记录小组的回答(例如在图表纸上)

◇ 根据需要做笔记

◇ 向主持人 / 汇报者分享该小组发现的内容

替补:如果小组成员缺席,需要替补,西多洛维茨女士和辛克莱女士会根据需要任命替补成员。

为了便于管理和指导,我给每组分配了一个"方向":北,南,东,西,东北,西北,东南,西南。字母表中的字母、动物的名字或颜色也可以。每个角色都被分配了一个数字,就像前面描述的那样。由于我经常根据阅读能力来确定不同的阅读材料,所以我可以通过分配标有 #1、#2 等的阅读材料来区分。此外,如果我想让学生们在他们的小组外结对发言,我可以要求西北和西南桌通过数字(1—4)进行合作。

第四章
结构化小组讨论：使用协议为讨论技能搭建支架

我让学生们知道，我们将在合作一个月之后对小组进行评估。在第一个月的课程中，我学到了很多关于我的学生的新东西，他们也从彼此那里学到了新的策略。首先，是高度的信任和尊重；除了计时器，没有一个计时员尝试在他们的手机上使用其他功能。效率低的学生的产出增加了90%以上。他们对自己的团队负责；主持人的鼓励对建立信心大有帮助，所以所有的学生都在分享他们的想法。在进行这种小组合作的第一个月中，我们看到了时间管理和组织能力的进步。我和与我合作的老师都认为我们的学生收获了自信和耐心，变得更有责任心、愿意接纳且勤奋。学生们以角色小组的形式来反思他们的成功；所有的学生都完成了关于他们小组成功的匿名反思。绝大多数学生喜欢目前的分组，他们觉得自己能够与以前没有合作过的同学进行交流。

有趣的是，当学生在其他小组工作时（比如在他们自己选择的文学圈），他们也想要使用我们介绍的角色。这样其他的学生可以尝试做主持人、计时员等。

我对我们最初使用这种组织结构进行小组讨论的结果感到非常激动。我喜欢听到原本安静的学生发言，他们现在已经获得了信心，并在他们的小组中分享他们的想法和想法的价值，而这最终会在更大的组中被分享。我相信这种方法为那些通常保持沉默的学生提供了更有力的声音。对那些性格更强势的人来说，这让他们更加意识到自己有责任共享发言时间。引入讨论小组提高了我们整体的课堂文化。

开场

决定结构化小组讨论方式的过程与教师指导的讨论类似。

复习小组规范和基本规则。教师（或学生，以小组为单位）复习小组讨论的准则和基本规则。在以小组合作为标准的课堂上，这种复习会进行

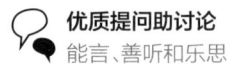

得很快；如果学生对这些合作学习的方法不熟悉，就需要更多的时间。从引入少量的基本规则开始，将相同的规则保持几个星期，直到它们成为公认的互动方式。最终，学生可以制定自己的基本规则；两个无可争议的原则是回应和发言要公平，以及尊重思考和反思时的沉默。当学生制定基本规则时，他们就会承认它们，且可能会自我监督和自我纠正。

结构化小组讨论的基本规则示例

请注意，这些基本规则包含第一章中描述的三类规范：与问题的目的、思考时间、参与相关的规范。

小学

1. 认真倾听其他学生的意见。

2. 如果你不理解其他人所说的内容，请提出问题。

3. 互相学习。

4. 确保每个人都有所贡献。

5. 在他人发言之前和之后留出时间思考。

6. 当你好奇时提问。

中学

1. 对所有观点持开放态度。

2. 以开放的心态倾听，并期望彼此学习。

3. 承担每个小组成员积极和公平参与的责任。

4. 检查是否理解。在你反驳一个观点之前，请确保你完全理解别人所说的内容。

5. 在小组成员发言之前和之后允许有思考时间。

6. 提问。

第四章
结构化小组讨论：使用协议为讨论技能搭建支架

分享（或让学生选择）讨论的核心技能。教师可以在小组协议中，建议将两种或三种讨论技能作为目标。当学生在没有协议的情况下进行讨论时，要提醒他们注意由特定结构所支持的技能，这可以帮助他们注意这些技能。教师可能会要求学生考虑对他们来说最重要的是什么，在小组里分享他们的想法，向全班报告，并集体选择两到三种要集中注意的技能。最近，在观摩课例时，我们听到教师在介绍讨论主题时说了以下内容："现在记住。今天我们要确保每个人都有所贡献，我们都有足够的时间思考，并且我们都以他人的意见为基础。"这个提醒帮助小组特别关注这些技能，教师可以在她的监督下为小组提供指导练习。

提出问题并给出任务指示。如果要使用的协议对课程来说是新的，教师需要详细解释该过程；否则，应该发布问题（和指示），教师根据需要添加口头指示和提醒。

维持

小组结构有助于学生保持思考，因为学生习惯于遵循协议中固有的步骤或惯例。此外，由于教师不能随时出现在所有小组中，因此学生必须承担起互相支持的责任。教师的作用是：（1）在直接教学和教师指导的讨论中，有意识地示范学生所需的行为；（2）提醒学生熟练使用小组流程；（3）在"倾听"时提供支持，并监督学生参与和对话。

提供视觉"提示"。教师可能希望提供提示卡或发布与目标讨论技能相关的样本词干。这些卡片可以提供关于鼓励深入思考（例如，"你能多说一点吗？"或"你能给我举个例子吗？"），如何要求提供证据（例如，"我没有这样想过。你能告诉我你是从文本的哪个地方得到这个想法的吗？"），如何让学生思考（例如，"是什么让你这么说？"），或者如何尊重别人（例如，

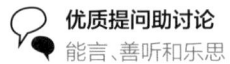
优质提问助讨论
能言、善听和乐思

"我对你所说的很感兴趣。它与我的想法不同。我想听你多谈谈你的想法。")的想法。(有关其他提示和词干,请参见表 2.1、2.2 和 3.2)

监督学生对角色的使用,以促进结构化小组讨论。 每个学生都应积极遵守小组的基本规则并努力进行富有成效的讨论。确定小组的领导者以促进他们的讨论,这将有所帮助(参见七年级教师基姆·西多洛维茨的例子中建议的角色)。这些不同的小组角色可以定期轮换,或者教师可以决定使其保持四到六周。如果一个班级是小组讨论的新手,教师可能希望根据学生的优势和技能来分配角色。在我们观察到的四年级班级中,教师分配了三个角色:主持人、记录员和汇报者。她让每个小组中最安静的学生担任主持人的角色,因为她知道这个学生有能力,但除非被要求担任主持人,否则不太可能发言。经过反思,教师对结果感到满意:每个主持人都加强了自己的领导角色,向小组提出了问题,似乎获得了信心。

提供有关技能的过程性反馈。 当教师监督小组参与和讨论时,他们可以记录学生在使用目标技能领域时的意向性,并提供反馈。以下是一些例子:

◇ "卡莉,当我听到你问了一个问题的时候,它让我知道你在倾听你的同学说话,在思考他们在说什么。你正在为讨论建立重要的技能:提问、倾听、发言和思考。"

◇ "你的小组成员非常擅长遵守协议。我没见过你们两人同时说话的情况。只在轮到的时候才稍做停顿并发言,这对你的学习有什么影响?"

◇ "你还记得我们说过,我们会寻找证据来支持自己的观点,会通过询问某人的陈述来澄清事实吗?让我们一起看看我无意中听到的一条评论。当瑞克说他认为最近南卡罗来纳州查尔斯顿的杀戮是种族主义的结果,种族主义在这个国家很猖獗,你认为他所说的是什么意思?这意味着什么?你同意还是不同意,为什么?"

第四章
结构化小组讨论：使用协议为讨论技能搭建支架

结束

邀请小组分享。在学生参加了有组织的小组讨论之后，他们将有兴趣总结他们自己的想法并分享它，同时听取其他小组关于他们讨论的内容。以下是三种结束讨论的选项。

1. 来自小组的报告。听取每个小组关于关键想法、问题和结论的报告（取决于布置的任务）。如果学生使用了诸如墨水思考、类别地图或"句子 — 短语 — 词语"之类的协议，则可以在"画廊漫步"环节张贴和回顾这些内容。或者，小组汇报者可以进行口头报告，以分享关键想法、问题和结论（请参阅后面的示例模板以记录相似之处和差异）。

2. 鱼缸法。组建由每组至少一名代表组成的鱼缸。外部小组中的一半同学将倾听并识别与他们的小组讨论的想法相似和不同的想法。另一半将倾听并观察有针对性的讨论技能的证据，并回答以下问题："我们理解并可以使用我们的目标讨论技能的证据是什么？我们可能需要继续努力和进行有反馈的练习的证据是什么？"

3. 整组提问。根据学生的准备情况和技能水平以及教学目的，向较大范围的组提出问题并听取个人意见，从而结束教师指导的讨论或学生自主讨论。

用于记录小组共享的想法的模板

当你听小组报告时（在鱼缸法或小组报告期间），使用此模板来识别模式。在第一栏中，记录类似于你的小组讨论或提出的想法；在第二栏中，记录你的小组没有产生或讨论的想法；在第三栏中，记录你希望进一步了解或讨论的有趣的想法。准备好与团队中的其他人分享你的笔记，以得出结论。

优质提问助讨论
能言、善听和乐思

与我们类似的想法	与我们不同的想法	希望进一步了解或讨论的有趣的想法

识别新出现的或未解决的问题。无论以何种形式结束和分享，都要留意与学习目标相关的问题。要求每个人将它们记录在"退出通行证"上，或者要求小组在便笺上提出问题，以便为第二天做准备。

反思

在结构化小组讨论结束时，教师可以提出问题，帮助学生对讨论进行评估和反思。

评估个人及集体对核心技能的使用。时不时要求学生评估他们个人与团体在目标技能方面的表现并以书面形式提交这些评估，是很有帮助的。（参见表3.3）当与大组分享时，教师或学生可以记录学生的"重要思想"，以便整个班级可以看到：（1）该过程对于理解是有用且有帮助的；（2）哪些因素妨碍了学习。或者，教师可以在全班进行讨论，重点讨论这个问题。

反思小组结构以加深学习。要求学生反思在选定的小组结构中学习的经验，以加深他们对内容的理解。这种元认知任务将帮助他们更好地意识到与他人合作学习的价值；它也可以帮助他们了解自己的学习偏好，这些偏好可能已经在这个结构中使用过，也可能没有。当学生开始掌控自己

第四章
结构化小组讨论：使用协议为讨论技能搭建支架

的学习时，教师喜欢问这样的问题，例如"你会建议我们下次做何改变？"。他们常常惊喜地发现，学生对于如何调整讨论的流程以更好地满足他们的学习偏好有着深刻的见解。最后，作为对学习的形成性评估，要求学生完成"退出通行证"："通过与小组成员的互动，你在哪些方面向我们的日常学习目标迈进了？"

关于结构化小组讨论的结语

小组结构对于实现与内容相关的目标非常有用。它们让学生积极参与，使他们的理解变得有意义，扩展他们的理解——这是教师讲述很少能做到的。此外，这些结构支持许多对于有效讨论非常重要的社交、认知和知识运用技能（以及支持性素养）。

坚持并策略性地使用选定的协议，能将课堂文化与优质提问和深思熟虑的讨论联系起来。例如，当学生通过"思考—配对—分享"回答一个开放式问题时，他们并没有试图给教师"一个正确答案"。学生自由地向同学讲述问题的主题；他们不期望也不会接受对他们的回应的评价。与大多数课堂提问交流相比，学生的话语更自然，因为教师的评价不会紧随每个学生的评论。相反，学生一起交谈，分享想法和他们自己的观点，为他们的陈述提供理由，彼此倾听，并将其他人的想法与自己的想法进行比较。这种简单的结构开始在课堂上建立一种不同的谈话方式——学生彼此交谈（而不仅仅是与老师交谈），个人对回答负责，对他们所说的内容深思熟虑（而不是急于寻找"老师的答案"），并在讨论中倾听合作伙伴的回应。

将学生组织成小组并不能神奇地改变课堂文化，提升讨论技能或增强学习。如果教师和学生要获得与结构化小组讨论相关的多重好处，教师必

优质提问助讨论
能言、善听和乐思

须采用类似于本章介绍的过程,进行系统规划。当教师在选择协议并对其他结构元素做出决策时,首先考虑目的,它们会增加在这些协作环境中强大的学习的可能性。此外,它们让学生有机会使用有纪律的讨论,让他们可以承担更多的学习责任,并相互学习。

> **反思和连接**
>
> 回顾五类结构化小组讨论。从每个类别中选择一个你认为适合你的学生的年龄、发展水平和你教的内容的协议。
>
> 你如何向你的学生介绍每一个特定的结构,以确保他们理解结构所支持的讨论技能?

■ 第五章

学生自主讨论：
让学生坐在驾驶室

我们如何支持学生承担责任，全面而充分地参与讨论？

在普格女士执教的十一年级 AP 英语课（亚拉巴马州橡树山高中）中，学生站成两个同心圆，讨论他们阅读过的书 —— 由丹尼尔·华莱士（Daniel Wallace）写的《大鱼》（*Big Fish*）。在这两个同心圆中，当内圈学生在讨论的时候，外圈学生倾听；然后他们转换位置，两个小组都能得到一个讨论的机会。内圈放有两把空椅子，以便让外圈学生偶尔短暂地进入以发表评论或提出问题。学生们已经准备好讨论了，他们从书中选择了与讨论主题相关的一段话：神话故事以及两个主角 —— 父亲（爱德华）和儿子（威廉）之间的关系。每个学生还带来了至少一个开放式问题。

普格女士用下面的问题开始了讨论：神话英雄通常会追求某些事物或知识，在书中，爱德华的追求是什么？威廉有什么追求吗？然后，如果有需要，她将进入外部圈子进行监督并提供支持。让我们来听听学生的开场白：

学生1：我的引用与这个问题有关。我认为爱德华的追求是把他在本书第122页列出的重要美德传递到他儿子身上。威廉（儿子）

优质提问助讨论
能言、善听和乐思

说:"他列出了他拥有的美德,如毅力、雄心、个性、乐观、力量、智慧、想象……并希望传递给我。突然,他意识到这是一个多么好的机会——我的空手而归实际上是一种幸运。看着我的眼睛,他看到了空虚,一种被填补的渴望。而这将成为他作为一个父亲的工作:让我更加充实。"

学生2:我认为威廉的追求是获得他父亲的知识。显然,他的追求是要更接近他的父亲,因为在父亲临终前他总是不断地问父亲一些问题。"你是我的父亲,但除了你的神话故事,我甚至不知道你是谁。"所以我认为,在整本书中,他的追求都是与父亲建立关系。

学生3:爱德华为什么总是讲故事,而不是直接给威廉答案,你认为这样做有什么意义?

学生4:他可能无法回答。(暂停)我想他和他儿子没有任何联系。他一直都不在。所以也许这是他试图与儿子交谈的方式,但这很奇怪。而那些故事使这变得更加奇怪。

学生5:有点像防御机制。

学生3:他是想试图保持联系还是保持独立?

(经过多次谈话之后,外圈的一个学生在一把空椅子上坐下并提出了一个问题。)

学生6:我记得书中的一件事,他们说一条大鱼不被抓到就会变得很大。那么,他的故事是不是想要阐述一种不被抓住的方法?或者你认为威廉想抓住他吗?

"好问题!"几个学生热烈响应。他们坐得更直,似乎有更多的能量;所有人都被激发去思考这个问题。他们若有所思地继续讨论父子之间的关系。这些故事是为了将他们聚在一起还是将他们分开?父亲是否故意试图让他们分开?或者他正在寻找一种将他们聚在一起的方式?不断深入的

第五章
学生自主讨论:让学生坐在驾驶室

讨论让学生们对这个故事以及他们自己的生活有了更为深入的了解——如果他们独立阅读这本书,而非参与讨论以便互相学习,那这种深入的了解就不太可能发生。

这个班的学生在老师的指导下学会了为自己的讨论承担责任。普格女士确定了时间,选定了文案,并选择了组织内外圈的方式进行讨论。她要求学生们通过引用该书中的文字和问题来为讨论做好准备。她计划并提出了最初的问题,但与一般的教师指导的讨论方式不同的是,她进入了学生讨论同心圆中的外圈,仅进行了一次干预,提及了班级与作者的 Skype 通话。学生们发言时会与之前的评论联系起来,提出问题,并分享他们对所提问题的想法。他们经常回到文中的特定段落。普格女士的目标是让她的学生深化理解文本及其与神话的关系。她不追求具体的结果,也并未试图引导他们思考得出一个给定的结论。在讨论过程中,学生们围绕主题,互相倾听,表达想法,互相学习。

什么是学生自主讨论

学生自主讨论是一种让学生学会承担更多学习责任的方式。顾名思义,在这种形式的讨论中,学生坐在驾驶座上,而教师坐在乘客座位上,在那里教师可以监督,但不能控制。学生们通过提问来推动讨论,做出有文字证据支持的评论,仔细倾听同学的意见,并就同意或不同意他人的言论发表自身的看法。他们在教师指导的讨论中有意地应用由教师示范的技能,并通过参与有组织的小组讨论加强这些技能。

学生自主讨论策略有不同的名称,但它们有重要的共同点。如表 5.1 所示,大多数讨论都以文本或与正在研究的主题相关的其他材料为基础。

Questioning for Classroom Discussion
Purposeful Speaking, Engaged Listening, Deep Thinking

优质提问助讨论
能言、善听和乐思

表 5.1 学生自主讨论的类型

讨论类型及来源	主持人/教师的角色	讨论前学生的自我准备	时间及分组	外圈学生的角色
分享研讨法 此讨论策略由名著基金会任伯罗伯特·哈钦斯（Robert Hutchins）和莫蒂默·阿德勒（Mortimer Adler）的作品基础上发展而来。该指南可以通过上网查询：http://www.greatbooks.org/wp-content/uploads/2014/12/Shared-Inquiry-Handbook.pdf	◇选择文本 ◇在讨论中积极提问；不提供自己的意见 ◇和学生一起坐在圈子里 ◇通过提问挖掘发言者思想背后的内容，要求从文本中找出依据，从其他同学那里征求意见	将文本读两遍；标记有意思的文章；对于非小说类型的文本，找出其证据；提一些主要思想及其诠释性的问题以考验他们是否理解文本	40~120 分钟 一个围成一圈的组	无
派迪亚研讨会 基于阿德勒的作品。这个策略从研会对话、知识训练和信息掌握中激发批判性和创造性思维。http://www.paideia.org/	◇选择文本 ◇准备并提出一些开放式问题 ◇参与讨论（有些老师会遵开这个角色） ◇对内容和过程做记录	将文本读两遍，并将主要思想、问题和不懂的字词弄懂；选择一个或多个目标进行讨论	90~120 分钟 20~25 人一组，围成一圈	无
苏格拉底研讨 基于派迪亚与名著的一系列对话（Mortimer Adler et al.）。视频说明：http://socraticseminars.com/socratic-seminars/	◇回顾讨论的基本规则 ◇选择文本 ◇准备三到五个问题 ◇通过提出开放式问题开场 ◇在讨论过程中积极地参与和指导（注意：参与程度依老师的特点自行把握）	将文本读两遍，分析含义，注意辨别思想和问题	20~45 分钟 一个大圈或面对面的内外圈	选择项：每个学生可以： ◇观察一个同学并准备给出反馈 ◇观察整个小组 ◇倾听并思考与他人的想法相关的想法
苏格拉底圈 这个策略是苏格拉底研讨会的变体。基于马特·科普兰（Matt Copeland）2005 年的书《苏格拉底圈：培养高中、中学生批判性和创造性思维》（Socratic Circles: Fostering Critical and Creative Thinking in Middle and High School）。 注：部分老师使用苏格拉底圈来表示其他类型的学生自主讨论。	◇选定与学习标准相关的文本 ◇准备三到五个问题以及可能的后续问题 ◇提出一个问题 ◇从小组中退出来，观察动向，不明显参与讨论 ◇必要的时候进入组内	将文本读两遍，根据老师的建议进行标注，以确定问题、主要思想、不认识的字词等	内外圈（随机组合，一周一换），内圈的学生坐在地板上；外圈的学生坐在椅子上。每周每个小组讨论10分钟，并给予两组反馈	倾听并对所观察的小组给出具体和描述性的反馈一些人有特定的任务：捕捉理解大概念；观察发言者及目标区域中特定语言的使用

146

第五章
学生自主讨论：让学生坐在驾驶室

续表

讨论类型及来源	主持人/教师的角色	讨论前学生的自我准备	时间及分组	外圈学生的角色
21世纪鱼缸法 由亚拉巴马州塔兰特高中教师安布尔·波普（Amber Pope）和塔兰特城市学校技术整合专家贝丝·桑德斯（Beth Sanders）开发	◇确定讨论的主题 ◇布置任务供学生准备 ◇准备并提出一些开放式问题 ◇监督内圈小组的讨论 ◇参与外圈小组的讨论	准备老师布置的任务	每个组讨论15—20分钟	倾听讨论并记录他们自己的想法、问题，为对方和大家做补充，做好进入内圈的准备
圆桌会议 由西弗吉尼亚州南帕克斯堡高中沟通课教师谢丽尔·奥尔科特（Cheryl Olcott）开发	◇每周提供一些话题供学生选择 ◇阅读来自学生论文文章 ◇准备问题；偶尔评论或提问 ◇坐在内圈，对讨论内容做笔记，指示发言次序 ◇提名一个圆桌会议学生领导	为选择的主题写一页的文章；寻找并打印一篇支持他观点的文章，附加一个源网页，以帮助他们学习怎样提供可以支持其观点的依据。另外，鼓励学生带上（和主题相关的引文）并提出一个或多个问题	每周60—90分钟 一个大的班级小组（20—35人）	无
文学圈或文化圈 各种书籍和互联网中有不同的描述	◇可能会推荐书籍供学生选择 ◇如果小组讨论陷入僵局，那么可以为每个小组提名一个主持人和一个记录员，让他们停留在一个话题，最后可以让学生自由选择 ◇准备适当的问题以防小组讨论陷入僵局	仔细阅读一个文段、章节或整本书，思考他们想讨论什么，询问讨论过程中总结他们学到了什么	10—25分钟 学生根据先前阅读的内容加入小组（3—8人）	无

147

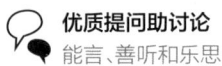

"文本"可以是关于文学、科学、历史、健康的一段文字(偶尔是整本书),一个可以用多种方法解决的数学问题,视频片段,美术作品,一首歌的歌词,录音等。讨论通常以教师的问题开始,由学生维持。教师经常坐在圈子外面,很少在学生的讨论中插入自己的声音。讨论的目标不是就某个主题达成决定、协议或共识,而是转向集体理解,即对所有学生的想法及其成因有更深层次的理解。

在整个对话过程中,学生为自己的想法和理由提供依据,以使想法清晰可见。学生在讨论过程中进行更高层次的思考、分析、评估以及思考创造性地将想法融合在一起的新方法。与其他形式的讨论一样,学生了解有助于有效讨论的技能,并为每个讨论选择一个或多个与第二章中介绍的社交、认知和知识运用技能相关的目标。

苏格拉底圈:推荐阅读材料

高中教师马特·科普兰(2005)曾写过一篇精辟的文章,描述了在英语课堂上如何使用讨论促进学生的参与并提高其思考和讨论的水平。科普兰将苏格拉底研讨会改编为所谓"苏格拉底圈",即一种内外圈的方式,内圈由参与者组成,外圈由倾听并提供反馈的观察者组成,随后替换内圈进行讨论。他为准备、促进和评价该内外圈讨论过程提供了切实可用的建议。这本书对于任何想要深入学生自主讨论的教师而言,都很有帮助。所有年级和科目的教师都可以为他们的学生采用并调整科普兰的方法。苏格拉底圈重在中学阶段培养学生的批判性和创造性思维,并促进师生角色的转变。

Copeland, M. (2005). *Socratic circles: Fostering critical and creative thinking in middle and high school*. Portland, ME: Stenhouse.

第五章
学生自主讨论：让学生坐在驾驶室

改变教师和学生角色

正如在真正的讨论中没有"一个正确答案"一样，指导学生自主讨论也没有"一个正确的方式"。教师需要根据所需的学习成果以及学生和教师的准备情况，来决定讨论的类型和形式。玩一玩吧，尝试不同的风格。选择并应用一种适合你、你的学生以及课堂时间的讨论方式。坚持下去，这样学生就能逐渐学会如何更好地参与讨论。学生自主讨论可以是每周或每两个月一次，学生们会热切期待。太多格式或规则的变化会令人困惑，并可能削弱这种方法的优势。

唯一不变的是，学生在学习过程中承担更多的学习责任，与其他学生一起探索和创造意义。这是否意味着教师放弃一切管理和责任？绝对不是！此时，教师的角色从一个"典型"的教师角色开始发生转变，因为他不是在简单地分配信息，单纯地发出指示，或积极地参与讨论。相反，教师在提出最初的问题后，退后一步，扮演了一个支持者和监督者的角色。从字面上而言，教师在讨论过程中"退出"圈子。这一行为有两个重要功能。首先，它提醒学生，他们有责任与同学交谈（而不是与老师交谈），通过提出带有好奇心的问题来保持讨论的活力，确定两个或多个想法之间的联系，并使用证据来支持他们自己的观点。退出圈子也会提醒教师，除非万不得已，不要插入自己的想法或问题。

在使讨论建立良好的开端之后，教师作为讨论的支持者，将帮助学生理解他们在讨论中的角色以及如何成为小组学习的领导者。只有在必要的时候——也就是当学生完成不了这些学习任务的时候——教师才会进行干预，以保持讨论的目标，澄清错误的信息或事实，并在讨论陷入僵局时促使其继续下去。

作为监督者，教师可以为讨论确定目标（与第二章中确定的社交、认知

Questioning for Classroom Discussion
Purposeful Speaking, Engaged Listening, Deep Thinking

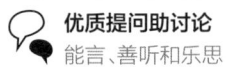
优质提问助讨论
能言、善听和乐思

或知识运用技能相关），或者要求学生选择自己的目标。教师（以及外圈的学生，如果有的话）会记录学生在实现这些目标方面的进展情况，并记录每个学生的具体示例。在整个讨论过程中，教师需记录讨论的内容和对讨论主题产生的所有误解。有时候，教师或指定的学生观察员会在白板或画架纸上这么做。如果学生做出事实上错误的陈述，教师会等待另一个学生更正陈述；如果没有，教师则进入小组，澄清发言者的内容。这样教师可以尊重学生的评论，并明确地记录他参加讨论的理由——通过示范让学生重新思考他所说的话，以便学生可以扮演"纠正反馈者"的角色。

那么，作为教师，我们如何鼓励学生承担这样的责任呢？首先，我们必须学会放手。一旦我们为富有成效的讨论奠定了基础（例如，建立基本规则，示范适当的讨论技能，并准备了一个针对目标技能和标准的焦点问题），我们就必须放开对对话的控制。当我们作为参与者坐在群体中时，若我们仍认为我们有控制权，这本身就多少有点误解了。我们无法控制学生的想法或他们可能会说的话。所以松开缰绳，让学生们自己来。其次，根据采用过这种方法的教师的经验，他们的学生真的很享受承担责任！讨论可以激发学生的思考：他们乐于交流，乐于知道自己对他人的学习负有责任。他们不常有这样的机会，因为在很多课上，教师会替他们思考。但是，当教师在这个过程中足够有耐心，他们通常会发现学生喜欢这些讨论，不想错过它们。

圆桌讨论是西弗吉尼亚州南帕克斯堡高中谢丽尔·奥尔科特的沟通课的一个常见特征。她最近问了她的学生："我们每周都开展圆桌讨论的价值是什么？"我们收集了一些他们的回答，以表明学生有多么珍惜这些自主学习的机会：

◇ "在讨论中，我们可以看到对同一问题的不同思维方式。"

◇ "它帮助我从别人那里获得信息，并看到别人如何看待这个世界；这有助于我建立对生活的看法。"

第五章
学生自主讨论：让学生坐在驾驶室

◇"它有助于我们学会如何保持开放的思维，我们看到不同的思维方式，当你讨论时，你的价值观就会发挥作用——而我们中有些人因为背景不同而有着不同的价值观。"

◇"讨论真的挑战了我们的思考能力。"

◇"并不是每个人都有同样的观点。我喜欢它。这是我整个星期最喜欢的一部分，你可以开口说话，听别人说话，而且你必须思考！"

◇"奥尔科特女士根据我们发言的内容来提出更深层次的问题，这些问题有助于拓宽我们的思维。但通常她不会说太多，她告诉我们这是我们的讨论。"

什么叫作"对自己的学习负责"？大多数学生从来没有真正想过这一问题。表5.2中的四项调查根据顾问皮特·布洛克（Peter Block，2011）的文章改编而来，这是教师让学生反思他们给学习情境带来了什么的重要方式，尤其是在学生自主讨论中。教师通过简化语言、大声朗读文章、使用便利签张贴观点（用笑脸、中性脸或皱眉脸表示）等方式对其进行了修改，以适应初级学习者。

表5.2 调查学生对于参与和学习的责任感

指示：诚实地回答下列问题，在1到7的数字上画圈。题目没有正确或被期待的答案。考虑今天的讨论中你的感情、身体和智力能量。

1. 你计划在今天的讨论中获得多宝贵的体验？注意不是你想要什么样的体验，而是你计划拥有什么样的体验。

1	2	3	4	5	6	7
不宝贵						非常宝贵

2. 你打算在多大程度上投入和积极地参与？

1	2	3	4	5	6	7
不参与						非常积极地参与

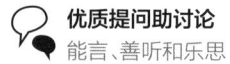

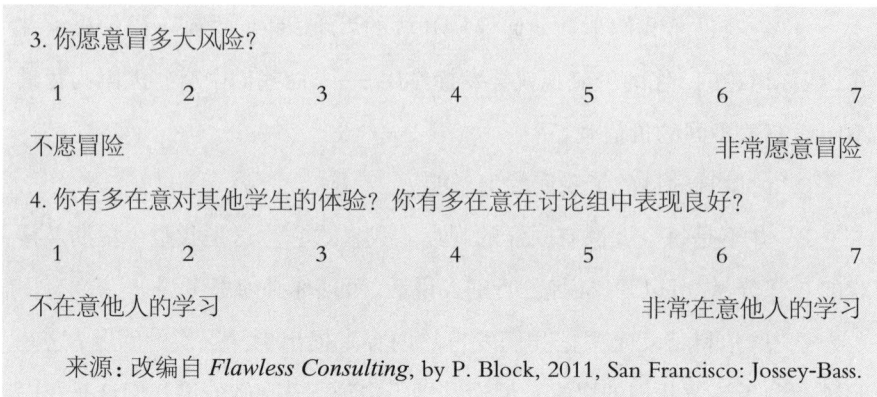

当教师准备让学生自主讨论时,他们需要提醒学生:真正的讨论不是"闲聊",也不是分享无证据的观点,真正的讨论需要认真细致地计划和准备。教师在规划中扮演着重要角色;然而,学生也有重要的责任。以下是学生和教师在学生自主讨论循环的五个阶段中所扮演的角色。

为学生自主讨论做准备

为讨论做准备需要教师在表 5.3 中描述的四个任务中起主导作用。

表 5.3　与准备讨论相关的任务

任务	教师的责任	学生的责任
选择文本	选择一个与学习目标相关的文本,提出与学生相关的问题。可以选择歌词、诗、小说或非小说节选、视频片段或艺术作品	有时可以推荐和主题相关的一首歌或视频。(在圆桌会议中,学生通过基于互联网的文章去支持自己的观点)

续表

任务	教师的责任	学生的责任
阅读文本	阅读几遍选材,寻找和学生相关的修辞与结构、主要观点、潜在的问题以及潜在的误解,或者在阅读或理解的时候存在的潜在困难	至少阅读老师选择的文本两遍,寻找主要观点、问题、陌生的词汇和有趣的引用 若阅读自己挑选的书籍,则要为以后的讨论确定观点和问题
构建焦点问题	在开启讨论后,老师将设计三到五个问题以启动潜在的讨论,并预期学生可能的回应。同时准备后续问题,以防没有学生提问	提出问题进行讨论
确定讨论的框架和分组	若有内外圈:(1)计划如何安排学生分组;(2)确定外圈的作用和角色 如果是分小组(自行选择或老师安排),则先选择一个主持人,直到学生能够负起自行选择的责任	若学生自行分组,则选择你感兴趣的书籍或主题,并以此展开探索

选择文本

教师对学习目标和学生有待加深理解的领域已经有了深刻的认识,他们可以利用这些知识来选择阅读材料,帮助学生为讨论做准备。例如,如果三年级学生正在学习:(1)认识地球和月球相对于太阳的运动;(2)描述行星之间的相同点和不同点,教师会选择一篇与行星及其与太阳的关系相关的阅读材料。实际上,教师可以为阅读能力不同的学生选择三种不同的阅读材料;所有的阅读材料中,内容都是相似的。教师可能会找一本科幻

优质提问助讨论
能言、善听和乐思

小说,关于行星的引人深思的诗、图片、影像或视频。

名著基金会(www.greatbooks.org)和试金石讨论组(www.touchstones.org)是寻找阅读材料的好来源,他们有助于激发关于你想学习的内容的讨论。他们还为讨论的进行提供了潜在的讨论问题。科普兰推荐了《诗曲分类绿皮书:流行音乐主题指南》(*The Green Book of Songs by Subject: The Thematic Guide to Popular Music*, Green, 2002)和《阅读教师的书单》(*Reading Teacher's Book of Lists*, Fry & Kress, 2006)作为寻找文本的优秀资源。

那么,对于那些年纪太小,不能长时间阅读和讨论文章段落的学生呢?当然,即使是最小的学生,也可以讨论一本已经阅读过的书,教师会指导讨论;他们也可以参加许多类型的小组讨论。小学教师可以在每周的课堂会议上开展学生自主讨论,其间,学生们可以讨论课堂交流情况。教师首先询问学生本周进展如何,进而讨论学生想要改变或改进的地方。在一至三年级的课堂上,教师报告了学生会在自主讨论中占主导优势,学生成功地互相交谈,提出问题,学会不需要举手就可以发言,一起解决问题,学会停下来思考,并为富有成效的讨论负责(Donoahue, 2001)。

阅读文本

大多数基于文本讨论的策略建议教师和学生至少阅读文本两遍。通常,教师会为学生复印文本,以便学生在阅读时可以自由地在上面书写和做注释。教师可以为学生的准备工作提出具体的建议,例如在主要思想下面画线,在空白处写下问题,圈出他们不确定的词语或想法,(对于非小说类文本)为主要的论点和相应的支持性陈述列出大纲。教师可以要求学生上交他们的注释以证明他们完成了准备工作。

有些教师发现,即使学生们已经在家庭作业中阅读和学习了课文,在

第五章
学生自主讨论：让学生坐在驾驶室

开始讨论之前让内圈小组大声朗读它仍然会有帮助。这使得每个人都能听到用相同语调朗读的相同字句。试金石讨论组鼓励所有学生在课堂上阅读课文，从而让学生们站在同一起跑线上。在阅读之后，学生们进行初步的小组讨论，提出问题并确定他们感兴趣的观点。显然，如果学生没有阅读并做好准备，集体阅读可以帮他们进入讨论。在有经验之后，学生们就会明白，如果他们在课前不阅读和思考课文，他们就不能像他们的同伴那样全身心地投入或深刻地理解课文。

如果学生没有在课前做好准备，一个帮助他们准备讨论的策略在 2014 年《教学频道》的一段视频中有所展现。教师让学生参与《杀死一只知更鸟》(*To kill a Mockingbird*) 的探究性讨论。教师准备了一套记忆层面的问题，作为家庭作业让学生回答。在课堂上，学生们四人一组，分享他们的回答。通过这种方式，学生都能听到文本中的基本事实，更容易参与课堂讨论。这样的练习可以让学生对要承担的责任有预期，即要有准备地进入课堂，因为他们知道其他同学将依靠他们给出的信息来确立有关文本的基本事实。

构建焦点问题

在基于文本的讨论中，问题是从阅读中产生的。例如，在之前有关科学的例子中我们说到了火星，最初的问题可能是这样的：一个名为"火星一号"的基金会正计划在火星上建立人类定居点，你认为他们希望知道什么？如果学生没有提出其他问题，教师可能会提示："让我们假设一次火星探险之旅。为了在那里生活，他们需要携带哪些物品？为什么？""如果'火星一号'成功地向火星完成发射任务，你想去那里居住吗？愿意的话，是为什么？不愿意的话，又是为什么呢？"

教师应该提出三到五个问题作为讨论的引入问题。如前所述，这些问

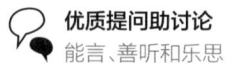

优质提问助讨论
能言、善听和乐思

题应该会引起多种可能的回应。它们应该是真实性问题,能够代表教师的好奇心,需与学生的经验和兴趣相关。这些问题也应该是值得思考的重要问题,是只有通过听取多方观点才能让学生真正理解的问题。

(开放性问题)是能引发争议的问题;当得到最初的答案后带来进一步的问题;它通常不能简单地以"是"或"否"来回答;是一个提出推测的假设性问题,其影响或后果能被检验;问题复杂并且有许多相关部分,需要有顺序地处理。(Adler,1985,p.175)

除构建问题外,教师还需要考虑学生可能的反应,包括根本没有评论的可怕情况。如果有足够的思考时间,但是并没有学生回应或评论,教师接下来可能会问什么?也许是指向张贴出的问题说:"转向你的同伴,并谈论这个问题。"也许是提出疑问:"我想知道为什么这个问题没能引起任何评论,有没有人想就该问题发表评论?"又或许是检查学生对这个问题的理解:"你能用你自己的话复述这个问题吗?"(停顿)"杰里米?"

学生也可能会提供一个不合格或不正确的答案。例如,为了回应火星问题,一些学生可能会说,"他们会想要带走他们的宠物,例如他们的狗和猫。"虽然教师希望在学生回答错误时,尤其是在学生自主讨论中,他们能够质疑彼此的思维,但这种情况并不总是发生。如果没有学生站出来纠正错误观念,或将对话引回正轨,那么教师应该如何应对?准备工作包括对学生可能做出的反应做出预期,这有助于教师了解何时以及如何回到圈子中。这是一项艰巨的工作,要求教师知道何时应该停留在乘客座位上,以及何时抓住方向盘并踩下刹车,就像驾校的教练一样。

同样,学生们在进入圈子前需要事先准备好问题。第一章中所提出的一个很好的准则是,"当你感到好奇、困惑、不清楚或需要澄清时,提出问

第五章
学生自主讨论：让学生坐在驾驶室

题"。在学生不愿意提出真实性问题时，就可以让学生关注这个准则。第三章中的表3.2展示了教师可以与学生分享，以鼓励他们提问的支架。第四章中提出的一些结构化小组讨论形式可以帮助学生在提出问题时变得更加舒适和熟练。如前所述，这是学生最难掌握的技能之一，因为它与传统的"学校"行为截然相反。在传统的"学校"行为中，学生通常以正确答案回答问题——而不是问问题。无论学生是独立工作，与伙伴合作，还是在小组合作中提问，他们都应该带着问题来到团队。

很多时候，学生们"轮流"提出问题，他们把问题带进圈子，即使问题与之前的评论或问题没有关系。这种轮流发言不会产生真正的对话。想象一下，如果你和一个同事正在讨论一个问题，然后你说："我很沮丧，因为史蒂文会阅读，但他似乎并不理解他所读的内容。"而你的同事用她前一天晚上写的一个问题回答你，比如"我想知道如何使代数标准与八年级学生相关？"你会有什么感觉？她的问题可能是真实的，但这肯定不会传达她正在倾听的信息，即她理解或重视你的问题或意见。同样，学生需要教师帮助他们理解，他们在讨论之前制定的问题，是用来启发他们进行思考的，而不是脚本。他们需要学会对正在讨论的话题进行进一步思考。在小组准备好继续讨论时，可以提出一个事先准备好的问题，从而将小组带到一个新的话题。与此同时，学生们的工作是确定在仔细倾听别人评论时出现的新问题。这些更真实的问题可能会给群体带来活力和兴趣——就像这一章的开篇章节——并激发所有人对这个话题进行更深层次的思考。

确定分组

教师需要决定讨论的分组情况，是在一个大组中进行讨论，在房间中的多个小组中进行讨论，还是用内外圈或鱼缸法（在这种方法中，每个小组

Questioning for Classroom Discussion
Purposeful Speaking, Engaged Listening, Deep Thinking

优质提问助讨论
能言、善听和乐思

的一名代表聚集在中心区域讨论,而其他同学倾听,在教师指示时,或者在某些情况下有内容需要补充时,外围的成员会替代中心的成员)进行讨论。许多教师喜欢内外圈,因为这种形式有两个主要的好处。

1. 更小的组(半个班)可以让更多的学生发言和发表意见。

2. 当讨论的学生(内圈)意识到讨论的内容和过程都会被观察到,他们会更留意他们说的内容和方式。外圈的存在并不妨碍公开讨论;相反,它往往会提高讨论质量。

对于内外圈形式,教师需要将学生分配到其中一个组。随机选择(例如,在上课时分发两种不同的贴纸或编号索引卡给学生)是最容易的;总的来说,我们需要的就是对班级进行抽样以使其分成两类。不建议学生自行选择,因为学生会和他们的朋友一组,这将影响讨论过程中的发言质量。

一般情况下,教师会安排 10 分钟的准备 / 组织 / 热身时间,10 分钟用于内圈的讨论,5 分钟用于外圈的反馈,10 分钟用于第二组内圈的讨论,然后又是 5 分钟外圈的反馈。他们可能会花费最后 5 分钟的时间进行个人或小组反思,并为下一次讨论确立个人或集体目标。

教师的首要任务是规划外圈的任务。有几个选项可供选择。教师可以生成一份讨论技能列表,并将其中的一些技能分配给每个学生,要求他们记录所分配技能的例子和反例。另一个选项是要求所有学生倾听讨论,并追踪主要想法以及示例、基于文本的引用或基本原理、问题和过渡。第三种方法是安排外圈中的每个学生关注内圈中的一个人,记录技能示例(例如,要求另一个学生阐明问题,发言清晰,参考具体文本,在同学的评论上建立观点以示倾听,在讲话前暂停以思考,询问其他学生的想法)。最后,一些教师发现将特定角色分配给外圈的特定成员非常有价值。在《教学频道》的一段视频中,苏格拉底研讨会正在进行(2013a),十一年级英语教师吴女士为四个学生分配了以下角色之一:

第五章
学生自主讨论：让学生坐在驾驶室

◇评论计数员：跟踪内圈每个学生发言的频率。

◇转换跟踪员：记录学生如何交替发言但始终围绕主题（例如，总结之前同学的发言，对同学表示赞同，补充同学的评论）。

◇引用跟踪员：跟踪对文本具体的引用。

◇讨论记录员：以图形方式将讨论记录在白板上，记录每个主题及其问题和示例。

亚拉巴马州塔兰特高中社会学教师安布尔·波普使用技巧让外圈的学生积极参与。当他们倾听内圈的讨论时，他们会将自己的想法、补充和问题用 Twitter 发送给外圈中的其他人（请参阅"在讨论中用 Twitter 吸引学生"）。学生的参与率显著提高，因为他们积极倾听并参与外圈的活动。

在讨论中用 Twitter 吸引学生

供稿人：亚拉巴马州塔兰特高中九年级社会学教师安布尔·波普、塔兰特城市学校技术整合专家贝丝·桑德斯。

在塔兰特高中，我们相信学生需要多种机会来练习和发展口语与书面沟通技能，在线下或线上参与关键和富有成效的对话。沟通不再局限于面对面的谈话；它也大量发生在文字、音频和视觉形式中。

我们支持学生发出他们自己的声音，以探索他们的兴趣和热情，与真实的观众一起创造和分享内容，并且练习和发展使他们成长为成年人的技能。将在线讨论融入课堂是一种改变游戏规则的做法。使用社交媒体对学生而言是一种强大的动力。适当地运用在线讨论，可以让学生在他们感到舒适和熟练的平台上发展与利用读写技能。

我们为了支持学生发展自己的声音而创建了一种方法——21 世纪鱼缸法，它是对经典讨论方法的一个新的诠释。在内外圈设置中，内圈像往常一样讨论，外

优质提问助讨论
能言、善听和乐思

圈在 Twitter 上发表相关意见。外圈的其余成员、教师以及 Twitter 上的其他人可以实时阅读在线推文。学生们都很投入。当轮到他们进入内圈时,他们已经清楚所讨论的话题,并做好了继续进行口头讨论的准备。

当我们问学生,"在鱼缸法中使用 Twitter 怎样吸引了你学习?",他们给出了以下几种书面答复:

◇ "它吸引了我,因为它让我听到同学对这个主题的看法,以及我们如何同意或不同意。"

◇ "它让我投入学习,因为我们对一个主题进行了大讨论,并且我们都有自己的看法;我们一直持续,没有脱离主题。我们提出了很多问题,并从同伴那里得到了非常好的答案。"

◇ "我倾听了别人的观点,这非常吸引人。"

◇ "我们非常投入,因为即使我们的声音没有被听到,我们也可以在 Twitter 上发声。我们仍然在通过引用和思考同学的想法来回应讨论。"

◇ "它能够让其他人了解我们在课堂上做了什么。"

在线讨论可以为学生提供即时反馈:从其他学生、教师,以及自我评估中。点赞或转发推文是给学生发送积极的反馈:他们走在正确的方向上,交流重要的事情。教师也可以使用这种反馈来预告接下来的教学:学生理解什么?他们在哪些方面存在误解?

我们发现 Twitter 是一个很好的公开在线讨论软件,它有助于促使学生成为数字世界中有责任感的公民,建立专业网络,发表专业的内容,使用简洁的语言,形成对重要问题的观点,与不同群体进行互动,将其他人作为信息来源,寻求反馈等。此外,我们认为,学生通过在线讨论,可以提高语言表达能力。把一个想法组织成一个连贯的推文需要进行内部处理,然后转变到实时的、面对面的讨论中。阅读他人的想法并对他们做出回应可以转化成更好的倾听技能。

在线讨论可以建立平等的环境。所有的声音都可以被听到,所有学生都可以

第五章
学生自主讨论：让学生坐在驾驶室

参与。学生可以同时进行多个强有力的对话。创造这种环境并让学生拥有这种空间的结果是，他们自然而然地被授予发出自己的声音并探索如何使用它的权力。

如果你想了解更多关于这一 21 世纪的讨论形式，可以通过以下链接来查看详细信息。

https://storify.com/mssandersths/21st-century-fishbowl-popewildcat

教师可能会提出为小组讨论选择一名主持人，以确保所有的声音都能被听到以及讨论能正常进行。在学习如何参与这一过程的早期阶段，我们建议教师选择主持人。一些教师选择最自信的学生，他们往往能在小组中轻松发言。这种领导角色促使他们克制自己的想法，因为他们有责任关注其他人发言和分享。另一些教师会选择那些有责任心但很少在集体中发言的学生。作为领导者，他们有责任发言，以使小组继续工作，提出问题并要求他人做出贡献。一旦学生充分了解了角色的要求，他们就可以自行选择小组的主持人，教师进行监督并在需要时提供支持。

开场：激活思维，为讨论搭建舞台

一旦学生积极地阅读了文章，观看了视频，或者查看了其他选定的材料，并且已经做好笔记准备讨论，那么教师需要帮助学生"搭建舞台"进入讨论，这是一种不同的学习、思考和相互联系的方式。当学生们都已经是讨论的老手时，他们很容易进入状态。但是，当他们正在学习讨论时——尤其是当他们承担起学生自主讨论的责任时——他们需要进入对话"空间"。教师可以让学生通过参加表 5.4 中的任务来做好讨论的准备。

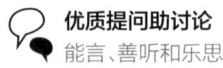
优质提问助讨论
能言、善听和乐思

表 5.4 与激活思维和为讨论搭建舞台相关的任务

任务	教师的责任	学生的责任
回顾课堂规范和讨论的基本规则	可让主持人回顾讨论的基本规则	阅读基本规则并在其中选出一条或多条值得特别注意的条款
确定关注的技能	给学生时间来回顾所学技能,选择一项或多项技能,让学生个人或小组重点关注	集体或独立思考那些需重点关注以促进讨论的技能
激活学生的思维	设计一个热身策略,如提出问题、小组确定引用内容或分享有关小组阅读的主要观点	完全投入热身活动
介绍讨论的焦点问题	呈现问题(或派学生朗读开场问题)	如果教师已经选定了小组主持人,那么他们将准备以领导者的身份来朗读开场问题

回顾课堂规范和讨论的基本规则

为学生自主讨论做准备的思考方式与第三章中描述的教师指导的讨论相似。教师或指定的学生回顾课堂规范和讨论的基本规则,并鼓励每个学生掌握一或两条基本规则,以便在当天的讨论中重点关注。

确定关注的技能

教师可以帮助学生有意识地专注于讨论技能,从而提高个人或集体的表现。有时,教师会提供一到五个技能让学生在讨论中关注;在其他时候,每个学生都可以选择及写出(或圈出)要关注的技能。将这两种方法进行结合可能是最好的:教师提供三到六个目标,每个学生从中选择一到三个。回顾最近的课堂讨论将有助于教师和学生选择重点技能。

第五章

学生自主讨论：让学生坐在驾驶室

激活学生的思维

为了让学生做好参与讨论的准备，教师发现，通过让学生在小组中进行安静的、书面的反思、"思考 — 配对 — 分享"或"观察 — 思考 — 疑惑"来激活学生的思维是很有帮助的。如果话题可能是两极化的，教师可以选择"人形地图"（见第三章）或"数据展示"（见第四章）的方式开场。另一种很好的思维催化剂是"用一个词表达"，即教师提出一个开放式问题，让学生有时间写下反思，并让每个学生用一个词总结他们的回答，然后在小组里四处走动，听听每个学生的回答。这些策略为学生提供了平等交流的机会，让他们在进入讨论之前听取并回应他人的想法。这也给予了他们一些可以询问别人问题的机会，比如，"当你用'困难'这个词作为总结时，你是怎么想的？"

表 5.1 中描述的圆桌会议结构可以帮助学生学习和实践各种技能：将个人意见与书面证据相结合；使用有说服力的技巧传递信息；听、说、看；在团体交流的框架下评价个人意见。

在我们观察奥尔科特女士课堂的那天，讨论的主题是"信任是什么样的"。自七个月前开学以来，奥尔科特女士的学生每周都在一起探讨一个特定的话题。这些话题与麦卡恩所建议的一样，对于培养与良好公民身份有关的技能和素养至关重要；它们包括正义、责任、爱等。学生们善于讨论；当 30 个学生将他们的课桌排成一个圈子，共同思考这个问题时，学生的兴奋之情溢于言表。为了让他们"热身"并确保每个学生都做出贡献，圆桌会议开始时，每个学生都会发言。一些人选择朗读他们的文章，而另一些人则提出问题，读一段引文，或者简单地分享他们对这个话题的想法。

学生领导者开始发言："我认为有两种不同的信任：你可以信任别人，也可以信任自己。我的引用是'鸟儿相信树枝不会折断，但它相信如果树枝真的断了，它可以飞到安全的地方。'"这个学生手里拿着一叠洗过的索

优质提问助讨论
能言、善听和乐思

引卡，每张卡片上都有一个学生的名字。在短暂的停顿之后，他叫了第一张卡片上的学生的名字，把它移到一叠的最后，并且继续读下去，直到每个学生都做出回应。以下是一些学生在开场的回应：

◇ "我用橡皮擦类比信任。每犯一个错误，它就变得越来越小，最终消失。"

◇ "信任就是放弃控制。"

◇ "信任就像一面破碎的镜子。你不可能在不看到损坏的情况下把它装回去。"

◇ "我认为我们内心深处都想要信任；我们只是不确定要怎么做。"

◇ "如果你经历过艰难的生活，就更难信任别人。"

◇ "信任就像一个伞兵跳出飞机。他相信他的降落伞会打开并帮助他安全着陆。"

在每个人都做出贡献之后，领导者就会发出信号，表明他们可以进行更自然的对话。

以这种方式开始讨论有两个好处。首先，每个学生都有责任进行分享；那些不喜欢在小组中发言的人会被鼓励给出他们的意见。其次，每个学生都在倾听自己的想法或同学的想法，思考两者之间的联系，并在讨论的过程中有所收获。在开场时，例如在之前所给的例子中，学生们能给出如此丰富的思想，能将不同的想法编织在一起，从而更全面地理解"信任"的概念也就毫不奇怪了。

开场后的第一条评论是这样的："我想谈谈麦肯齐、劳拉和奥斯丁都是怎么提到玻璃的：像一面镜子，一个易碎的花瓶，然后（长时间停顿，然后其他学生提示：'一块玻璃'）哦，是的，一块玻璃。一旦它碎了，就很难重新拼合起来。"学生们被这句话打动，进而去思考信任与爱、信任与尊重之间的关系；从信任破裂所带来的伤害中恢复；男性和女性对信任等情感表达的差异等。在整个讨论过程中,他们提出问题、延伸其他人的评论、推测和假设。

在《教学频道》的一段视频"苏格拉底研讨会:支持与反驳"(2012)中,十年级英语教师克里斯蒂娜·普克特(Christina Procter)通过提出一组让学生独立回答的问题来帮助学生做好讨论的准备。他们不仅写下他们对每个问题的想法,还考虑他们可能从其他学生那里听到哪些相反的回答。然后,他们会记录下他们如何反驳那些持不同意见的同伴的观点。这让学生有机会思考他们自己的想法,别人可能会怎么想,以及为什么会这样。在八人左右的小组中,他们在小组派代表参与鱼缸法之前讨论这些问题。

介绍讨论的焦点问题

讨论通常由教师准备的问题开始。问题可以由教师或指定的学生介绍。为鼓励学生积极回应,它应该有一点戏剧性,并伴有上下文情境和引言。最重要的是,教师或学生在呈现问题时,应表现得对学生们的想法感兴趣,并期望学生们会有很好的回答。这可以通过语调、面部表情、肢体语言来表现。正如阿德勒所说,"最重要的是,主持人必须确保他所问的问题被倾听和理解,确保提问不只是一个让被提问者说出自己想法的信号,而要考虑答案是否与问题相关。"(Adler, 1985, p.175)

维持讨论

在这个阶段,三种讨论形式有很大的不同。在教师指导的讨论中,教师主要通过做示范、搭建支架和指导来维持讨论。当学生参与结构化小组讨论时,协议本身支持和维持讨论(偶尔会有教师介入)。在学生自主讨论

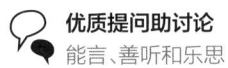
优质提问助讨论
能言、善听和乐思

中,学生们自己承担了维持讨论的主要责任。表 5.5 描述了维持学生自主讨论的一些主要任务;大部分的责任落在了学生身上,如果需要的话,教师可以随时准备做示范和搭建支架。

表 5.5　维持学生自主讨论的相关任务

任务	教师的责任	学生的责任
认真倾听	倾听并记录讨论内容	留出时间用于思考和完善自己的观点;用笔记录谈话内容
利用思考时间对比你与他人的想法	如有必要,监督并提醒学生利用思考时间	思考他人的评论:你同意或反对吗?为什么?帮助彼此利用思考时间
提问以澄清不确定的内容	允许学生们承担责任;在他们不能胜任时进行干预	确认你是否完全理解了所说的内容。如果没有,复述该内容以确认或询问他人
是否同意已被阐明的观点以及理由	克制地表达观点	表达赞同或反对及原因。参照、添加、举例说明其他人所说的内容
寻求证据	允许学生们承担责任;在他们不能胜任时进行干预	询问"证据在哪里?在文章中,还是有其他来源?"
对有困惑的内容提问	允许学生们承担责任;在他们不能胜任时提出问题	向小组提出问题,但只在讨论进程中时间合适时提问。询问由学生的陈述引发的问题
纠正事实性错误或误解	允许学生们承担责任;在他们不能胜任时进行干预	问自己:"我相信这句话是真实的吗?"如果不相信的话,分享你感到迷惑或不确定的内容
追求参与的公平性	记录哪些人发言了以及发言的频率,用于讨论之后的反思	注意如果不是所有人都参与,将是讨论的损失。当你有想法时积极参与。询问大家谁还没有贡献自己的想法

第五章
学生自主讨论：让学生坐在驾驶室

学生在自主讨论中有很多想法：他们必须紧跟谈话的进程；有意倾听其他人说的话；记住他们有责任发言；监督他们在关注的技能领域的表现；鼓励他人做出贡献；通过提问、改变措辞等方式阐明他们对他人意见的理解。讨论因其严谨性和挑战性而吸引学生。

认真倾听

莫蒂默·阿德勒（1985）在《如何发言，如何倾听》（*How to Speak, How to Listen*）中断言，通过倾听而理解比通过阅读而理解更困难。然而，学校很少花时间帮助学生成为优秀的听众。阿德勒指出，在阅读的时候，我们可以停下来思考我们刚刚阅读的内容，重读我们不理解的或者我们忽略了的内容，或者把书放在一边，过一段时间再阅读。

但是，在讨论中倾听时，"即时回放"无法实现。讨论的内容一旦被说出，它们就消失了。跟上发言者的推理思路需要倾听者注意力持续集中。并且，在讨论过程中，我们不仅在倾听发言者，还在听自己的元认知带来的问题，这些问题帮助我们成为积极的学习者和参与者："他的意思是什么？""我理解她的观点吗？""这是真的吗？""证据是什么？""我是否同意？""这与我的想法相比如何？"与此同时，我们可能正在形成一个回答，并在思考，"我应该说出这个想法吗？"换句话说，在我们倾听发言者的同时，我们也在听我们头脑中的许多声音，这些声音会使我们的注意力从正在说的内容中分散。

阿德勒建议学生在讨论期间记笔记，以帮助他们集中精力倾听。他承认，有些人认为在倾听另一个人讲话的时候记笔记是不礼貌的，应该保持眼神接触，并给出表明他正在倾听的其他非语言信号。然而，阿德勒认为，由于倾听要求很高，所以需要记笔记，以便人们可以回顾所说的内容并对其进行反思。

优质提问助讨论
能言、善听和乐思

利用思考时间

评论之间有意的沉默让学生有时间思考和处理所说的话。当话题引起学生强烈的情感时,讨论往往难以停下来。但用于做出处理的时间是至关重要的,它不仅可以让听众从情绪反应中"退出来",还可以让他们仔细思考刚刚的发言,并选择合适的回复。当学生在领导讨论时,他们将有责任帮助彼此记住发言中需要适时暂停。他们可以通过在主讨论后举行一个"迷你讨论"来讨论他们可以用来提醒发言人适时暂停以提供思考时间的信号,比如每个发言者可以举起一只手或以其他方式发出信号,让其他人倾听而不被打断,并在发言完后保持举手几秒。或者可以要求一个班级成员(在讨论外圈里,或者从大圈子中站出来监督的人)记录评论间的间隔时间,以反馈给同学。

有时在讨论中,沉默可能会持续很长时间。教师下意识的反应是通过发表评论、澄清问题或提出另一个问题来"拯救"他们,这往往是为了防止学生对沉默感到不适。但是,我们已经了解到"等待"的价值。要做到这一点,需要团队有共同的信念:即使当时没有人愿意发言,但当他们利用这段沉默的时间来反思,总会有人提出评论或问题。通常,这种沉默将这段讨论转化为更深刻、更具反思性的过程。使沉默时间更有效的一种方法是承认 3 到 5 秒的停顿看起来会很尴尬,15 到 30 秒的停顿看起来可能无止境。与学生说明等待和思考的价值,打破沉默、填补空白不是任何人的责任,相反,鼓励学生沉浸于沉默的时间,重新思考刚刚说过的话,并考虑讨论下一步将推向哪里。他们应该在准备好时发表意见,而不是在觉得有必要打破沉默时发表意见。

九年级英语教师佩格·普莱斯(Paige Price)分享了她的讨论课上长时间停顿的经历,那是在她的班级的第七次苏格拉底研讨会上。正如《教学频

第五章
学生自主讨论：让学生坐在驾驶室

道》的视频"苏格拉底研讨会：耐心与实践"（2013b）所示，她的学生依旧在教师的指导下学习这一过程。在提出开放式问题以及在普莱斯女士推出苏格拉底研讨会而仅担任外部主持人之后，课堂沉默了很长一段时间。关于这段沉默，她解释道："这是每个老师开始参加苏格拉底研讨会的噩梦，没有人参与，只有坐下来等待，等待，等待……但是当我们告诉学生他们的任务是进行对话时，我们必须承诺……我们的责任就是让学生明白自己的责任——进行对话和讨论。"

提问以澄清不确定的内容

在教师指导讨论、积极示范和搭建支架的课堂中，学生观察教师寻求澄清的范例。在学生自主讨论中，决定何时以及如何做到这一点变成了学生的责任。经过令人困惑或不清楚的发言后，教师应该等待，看看学生是否寻求澄清，说出类似"你能换个说法再说一次吗？""当你说阿拉布尔先生对威尔伯很刻薄的时候，你是怎么想的？"或者"让我看看我是否理解你刚刚说的话，你认为马克·吐温是种族主义者？"的话。如果没有学生寻求澄清，并且学生在不明确的情况下就开始表示同意或不同意，那么教师可以加入小组讨论并提出问题或重新解释最初的声明，以确保讨论内容清晰。

是否同意已被阐明的观点以及理由

一旦学生确定他们理解了发言者的评论，他们应该用思考时间来决定他们是否同意以及为什么。讨论应遵循一个流程；不相关的评论不构成"讨论"。相反，学生的评论应该建立在前面的评论上。当学生想要引入一个新的话题时，他们应该使用一个过渡，帮助所有参与者看到他们的评论

优质提问助讨论
能言、善听和乐思

和以前的评论之间的联系。

表达同意或不同意的做法不适用于教师而仅限于学生。在学生自主讨论中,如果有任何教师的反馈意见,学生的意见很可能会受到教师意见的影响。在前面提到的关于信任的圆桌会议中,学生们都看着他们的老师。"告诉我们你的想法。"他们恳求道,"请告诉我们!"但是,他们知道奥尔科特女士不会回应。她的做法是不与学生分享她的个人意见,不论是在讨论之前、期间或之后。她不想影响他们思考的内容。相反,她的注意力集中在他们如何思考,也就是他们的认知处理上。他们清楚地表达自己的观点了吗?他们是否以开放的态度听取其他观点?他们是否在整个讨论过程中提炼了自己的想法?他们是否使用证据来支持他们的意见?他们是否有开放的思想?无论内容或重点是什么,这些是学生可以在将来使用的讨论技能。

寻求证据

学校中真正的讨论并不意味着"任何都可以说"。这不是分享未经证实的观点或信仰而不提出质疑的机会。尤其重要的是,学生应该学会考虑他们哪些根深蒂固的个人信念可能导致他们只看到和听到强化这些信念的东西。(请参阅第二章中的推论阶梯)当讨论是基于文本的时候,很容易提问,"你对文本中的陈述有什么证据?"但是,当讨论更普遍时,寻求证据同样重要,以便将一章中研究的内容汇集在一起,或者处理本质上有争议的问题。

在七年级的课堂讨论中,读完《我的兄弟山姆死了》(*My Brother Sam Is Dead*)之后,教师问道:"你会做什么?你会违背你的父亲并去参加战争吗?"一个学生做出以下陈述:"战争结束前我未满 18 岁,我不能战斗。"没有一个学生质疑他的信念,即在美国独立战争时期,一个人必须年满 18 岁才能

第五章
学生自主讨论：让学生坐在驾驶室

参加战斗。讨论很快由此转向其他话题，所以教师没有机会插话或质疑他的证据。在讨论过程中发生这种情况时，它为教师提供了一个实质性的例子，以加强对似乎不合理的事实提出质疑的重要性。这可能会成为下一次学生自主讨论的焦点技能：提出问题以澄清论点或结论背后的思考或推理。

对有困惑的内容提问

积极参与讨论的最佳方式是从"不知道"的思维中思考。这使得人们能够倾听他人的观点并寻求更好地理解他人的观点。更重要的是，一个提出真实性问题的发言者会邀请其他人思考并与小组分享他们的想法。

在一次讨论中，学生们提出了全球化是好是坏的问题，利·斯托瓦尔（Leigh Stovall）和艾琳·麦盖尔（Erin McGuyar）在亚拉巴马州休伊特－特拉斯维尔中学七年级学生中发现了一些普遍的优点和缺点。这些反对全球化的中学生提出的许多论点都集中在发展中国家恶劣的工作条件上。在这些国家，工人的工资低，生产的产品主要由富裕的美国消费者购买。在讨论的过程中，一个学生突然有了灵感并加入了讨论，"我有一个问题。"他在继续发言前停顿了一下来进行思考，"为什么其他国家的人工资那么低，而不是与在我们国家一样呢？他们做的事情和我们一样。"当他说话时，他的声音中有一个真实的疑惑，证明是之前的评论引起了这个问题。学生们把注意力转向这个问题。它似乎改变了大家思考的焦点，从评论人们如何经受低工资的痛苦，变成为什么美国与发展中国家的工资差距如此之大。

纠正事实性错误或误解

与讨论中其他任务一样，在维持讨论这一环节，教师希望学生能纠正

Questioning for Classroom Discussion
Purposeful Speaking, Engaged Listening, Deep Thinking

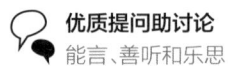

优质提问助讨论
能言、善听和乐思

事实性错误。但是，如果他们不主动这样做，教师就必须介入，提出诸如"你的证据是什么？"或"让我们一起看看第 160 页第三段的文字。作者在说什么？"这样的问题。

以下是一位有经验的教师在讨论过程中纠正错误陈述的例子。在关于变革的精彩讨论中，学生们积极阅读，提出问题，并在四天的时间里一起谈论马丁·路德·金（Martin Luther King），南非的吉姆克劳法，以及圣雄甘地（Mahatma Gandhi）利用非暴力不合作推翻英国的统治。得克萨斯州沃思堡市独立学区教师尤尼斯·戴维斯（Eunice Davis）通过对她的二年级学生说"现在我们将开放讨论……如果你有对马丁·路德·金的评论，或者有疑问，可以现在提出"来开启讨论。

学生："这与马丁·路德·金有关，但它也是关于圣雄甘地和英国的。"（在获得戴维斯女士的允许后，这个学生继续说道）"我觉得你可以认为圣雄甘地有点像上帝，因为他传播和平，他让印度人快乐，而英国人有点像魔鬼，因为他们很卑鄙，他们剥夺权利，所以圣雄甘地进行了非暴力不合作运动和抵制……以实现变革。"（暂停）

老师："你会说英国人像魔鬼——还是他们做了坏事？"

学生："他们做了坏事。"

老师："他们所做的事情是邪恶的，但我们不想称他们为魔鬼，他们们所做的事情是……"（暂停让学生完成判决）

学生："邪恶。"（这个学生笑着说出这个话，仿佛知道她的老师正在给她一个更正确的方式来说出她的想法）

老师："甘地做的事情就像上帝会做的事情：仁慈的事，对人类有益的事，这是你想说的吗？"

（学生骄傲地点头微笑，以确认老师对她发言的含义解释正确）

第五章
学生自主讨论：让学生坐在驾驶室

现在考虑另一个来自七年级社会研究课（位于亚拉巴马州特拉斯维尔）的例子，这些学生更老练，这里的错误对留意的人来说也更加明显。最初的外圈已经进入内圈进行讨论。教师给最初的内圈的问题是："全球化有什么好处？"她以另一个问题开始第二轮的讨论："全球化的代价是什么？不仅包括经济成本，还考虑其他成本。"停顿了一会儿之后，一个学生回答说："这有助于所有不同的国家彼此保持联系并互惠互利。"

对于这个没有针对问题的回应，许多教师会下意识地重复问题，要求学生解释问题的含义，或者插话说："如果我问你全球化的好处，就像上一小组讨论的问题，你的回应是正确的，但我问有哪些代价，你能回答这个问题吗？"然而，这位老师并没有做出这些举动。她明智地保持沉默，看看回答者是否会自我纠正或有没有其他学生介入。

下一个发言的学生很巧妙地补充道："我同意你的话。但是这些国家之间也可能生对方的气，或者嫉妒，或者其他的什么。总之这可能会对它们有帮助，也可能有坏处。"第三个学生参与并解释说："是的，这些国家从全球化中获得了好处，但也有代价，比如人们在工资很低、条件恶劣的工厂工作。"随后第四个学生称："我也同意工作条件这一条。"小组中的八个学生都发表了评论。最后，第一个学生在没有提示的情况下总结了这部分讨论："好的，全球化肯定是有利有弊的。"

没有人直接告诉这个学生他误解了这个问题，但他提供了一份简要的陈述，证明他明白全球化也有代价。老师没有介入纠正学生。想想这种体验与传统课堂提问的"启动—回应—评估"模式，即从老师那里获得即时反馈，有多么不同。

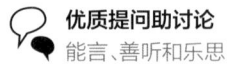

优质提问助讨论
能言、善听和乐思

追求参与的公平性

在有25—30个学生的大型分组讨论中，每个人都能平等参与的可能性非常小。时间通常不会允许。如果有些学生垄断了对话，那么来自"评论计数员"的报告将显示这一点，学生可能会为下一次讨论设定一个目标，例如"分享你所想的内容，让其他人可以向你学习"或"注意你的谈话，以免垄断"。一些教师使用的策略是给每个学生三个代币——每次评论花费一个——当它们被用完时，这个学生在讨论过程中就不能再说话了。科普兰（2005）报告说，这样的策略似乎扼杀了对话交流，并且学生不喜欢它。他建议只在极少数情况下使用。

在纽约布鲁克林约瑟夫·卡瓦拉罗IS 281学校（Joseph Cavallaro IS 281）博伊德女士（Ms. Boyd）的七年级英语语言艺术课堂中，学生们已经知道他们有责任确保所有声音都被听到。学生在15分钟的讨论中提出了以下意见，促使其他学生参与其中。

◇ 对一个没有说过话的学生说："奥马尔，我想听听你在想什么。"
◇ "我想弄清楚雅芝说的话，你能再说一点吗？"
◇ 对另一个尚未发言的学生说："我想听听约瑟对这个主意的看法。"
◇ "我希望你能进一步阐述这一观点，并让我们知道你是否同意。"

由于团体规模较小，因此使用内外圈可以使相对较高比例的学生参与讨论。另一种技巧，如英语教师克里斯蒂娜·普克特在《教学频道》的视频"苏格拉底研讨会：支持与反驳"（2012）中所示范的，让学生们分小组讨论，作为热身。随后每个组有一个学生，进入房间中央的鱼缸继续讨论。该小组以毛绒玩具作为说话标志，没有拿着毛绒玩具的人不能说话。（学生似乎喜欢说话时手上能有事可做）教师要求每个小组再找一个人来代替第一个人，这样全班至少能听到来自每组的两个意见。教师还会给那些

第五章
学生自主讨论：让学生坐在驾驶室

所有人都发表意见的小组额外加分。这无疑有助于形成"听取每个人的意见"的概念。第四章中还描述了许多支持这种行为的小组结构。

结束

无论讨论是由教师主导、小组讨论，还是由学生自主进行，学生都应在讨论结束时巩固他们学习的内容。教师通常会重新获得"驾驶座"以促进结束时的反思。在本章前面提到的圆桌会议上，大约在 90 分钟课程的最后 10 分钟，教师说："我希望你们分享一个思考、一句引言或一个问题。（暂停）我们会请玛丽亚先开始，然后围绕这个圈子，听取每个人的意见。"以下是一些学生的反思：

◇ "我在想，我们今年在圆桌会议上讨论过的一切，它们都是相关的：责任、信任、尊重、仇恨和爱。我只是有些疑惑：什么是中心？"

◇ "你怎样信任亲密的家庭成员？"

◇ "被信任是比被爱更大的赞美。"

◇ "相信某事和信任某事之间有区别吗？"

◇ "我想我知道迈克尔问的什么是中心：我认为是你自己。"

学生们进行了深度思考——倾听、分析和评估他们自己与同伴的思考。他们在一个鼓励信任和交流的教室中公开地分享；他们提出了问题；他们激动地说出了自己和他人的想法。上一次讨论发生是在快要放学的时候，下课后 20 分钟，六个学生仍然留在教室继续讨论！

有时候教师会要求提供书面想法，并让学生将其上交作为"退出通行证"。在讨论了两首题为"民主"的诗 [一首是兰斯顿·休斯（Langston Hughes）的，一首是莎拉·霍尔布鲁克（Sara Holbrook）的] 后，纽约布鲁

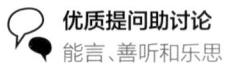
优质提问助讨论
能言、善听和乐思

克林约瑟夫·卡瓦拉罗 IS 281 学校七年级英语教师莫哈西布女士（Ms. Mohassib）鼓励学生以书面形式总结他们的讨论。"我们中的很多人都在谈论我们从这两首诗中学到了什么，并将它运用到了我们如今的生活中。你从这些阅读中获得了什么样的见解或更深入的理解？在你的讲义上独立回答这个问题。"（见表5.6）她要求学生在课程结束时开始思考，并在第二天将完成的反思上交。

表5.6 学生对学习的自我反思

姓名：_____ 日期：_____ 课时：_____
1.你今天讨论的哪些内容巩固了你已经知道的知识？ 　我知道我们生活在民主的环境下，但是我不知道政府究竟有多大。 2.你知道了哪些新观点（或者不同的思考方式）？ 　我知道一些人看到了种族的不公，其他人认为这是贫困，而不是种族的问题。 3.关于我们讨论的内容，你有什么问题或疑惑？ 　什么能够帮助民主制度更好地运行？ 4.你有意使用或者有效地使用了哪些特定的讨论技能？ 　我添加了两个不同的评论。 5.在今后的讨论中，你希望哪些地方可以做得更好？ 　我想提出自己的问题并听取别人的意见。

反思

在讨论的这个阶段，教师通常保持领导者的角色，同时促进反思性讨论或指导书面评估和反思。学生有责任诚实地反思，评估和评论讨论的质量，并提供证据来支持他们的反馈。以下是反思的类型：(1)大组讨论后；(2)小组讨论后；(3)内外圈讨论后。

第五章
学生自主讨论：让学生坐在驾驶室

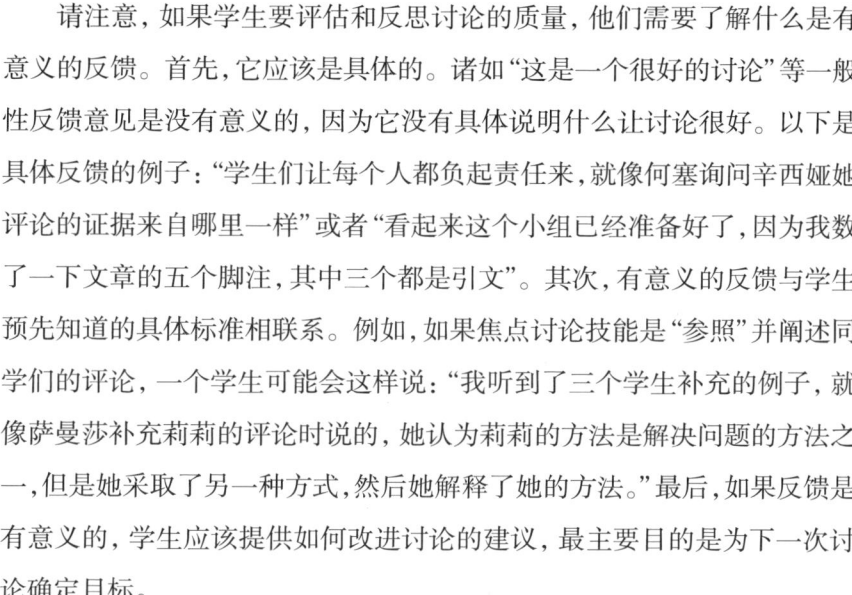

有意义的反馈的三个关键

1. 具体,酌情提供示例。
2. 针对目标讨论技能或标准。
3. 帮助确定下一次讨论的目标。

请注意，如果学生要评估和反思讨论的质量，他们需要了解什么是有意义的反馈。首先，它应该是具体的。诸如"这是一个很好的讨论"等一般性反馈意见是没有意义的，因为它没有具体说明什么让讨论很好。以下是具体反馈的例子："学生们让每个人都负起责任来，就像何塞询问辛西娅她评论的证据来自哪里一样"或者"看起来这个小组已经准备好了，因为我数了一下文章的五个脚注，其中三个都是引文"。其次，有意义的反馈与学生预先知道的具体标准相联系。例如，如果焦点讨论技能是"参照"并阐述同学们的评论，一个学生可能会这样说："我听到了三个学生补充的例子，就像萨曼莎补充莉莉的评论时说的，她认为莉莉的方法是解决问题的方法之一，但是她采取了另一种方式，然后她解释了她的方法。"最后，如果反馈是有意义的，学生应该提供如何改进讨论的建议，最主要目的是为下一次讨论确定目标。

大组讨论后

这是莫哈西布女士课堂的另一个例子，学生第一次在讨论中使用四秒钟的思考时间。在讨论的最后，教师大声地反思了一下刚才的沉默："在今天的讨论中，我们用了四秒钟的时间让每个人都有时间思考所说的内容，使用沉默对我们的讨论有什么好处？"一个学生说："我认为这很有帮助，

优质提问助讨论
能言、善听和乐思

因为有时候人们会打断谈话，或者你没有时间思考他们的想法。"另一个补充说："我不喜欢它，因为我忘了我要说什么。"一人评论说："我数到四，但是有人在我没有数到四就开始说话了。"另一个说："我同意迈克尔说的，它没有成功。我忘记数了，其他人也忘了。"教师继续说道："请记住，当我们尝试新的东西时，我们可能需要在适应它之前进行练习。我们怎样才能更好地利用这段沉默的时间来思考呢？"学生们提出了三条建议："也许我们应该把它写下来，这样我们就不会忘记我们想说的话。""当你思考完后，给出一个手势。""有些人数得比其他人快。"

在班级进行三到四次讨论后，为了使个人反思更深入，教师可以使用一个协议，例如反思性提问：教师在讨论后的第二天提出两个反思性问题，给学生时间独立反思并写下他们的回应。例如，教师可能会提出以下问题：

1. 你昨天做了什么来提高小组讨论的质量？给出具体的例子，并使用列出的技能来帮助你构思你的思考和写作。

2. 小组讨论对你理解文本（或主题）有什么好处？你或他人可以做什么来增进这种理解？

学生写完回答后，他们以三人一组的形式参与反思性质疑过程。每个组员选择三个角色中的一个：采访者、反思者或观察者。采访者首先向反思者提问，使用良好的提问和倾听策略（例如，"你对小组讨论有哪些贡献？"），保持目光接触并向前倾斜，使反思者能不被打断地发言，然后继续提问（例如，"如果……会发生什么？"或者"你能举一个例子吗？"）。反思者诚实地与采访者交谈了三到五分钟，而采访者试图引出反思性评论。在此期间，观察者会记录采访者所说的内容，并鼓励反思和深入思考。时间到了之后，观察者给出反馈。然后学生转换角色并重复该过程两次。

第五章
学生自主讨论：让学生坐在驾驶室

小组讨论后

教师可以编写简要的评估表格（如第三章表 3.3 所示），并要求学生评估与学习目标和特定讨论技能相关的个人贡献和整体小组功能。

内外圈讨论后

要求外圈（观察者）提供反馈的方式有很多种。如果学生被分配去观察特定的内圈学生，他们可以在第一轮和第二轮讨论之间的过渡期一对一指导这些学生。通常，两个学生（教练和讨论者）聚在一起讨论他们各自对内圈成员在实现其讨论目标方面取得了哪些成就的看法。他们一起谈论讨论者应该如何改进以实现他的目标。

如果外圈被要求观察整个小组，记录典型的讨论行为和讨论进展，教师会问这些学生他们看到的与特定讨论目标有关的事例（例子或反例）。一种方法是通过使用美国国家学校改革委员会调整协议修订版（http://www.nsrfharmony.org/system/files/protocols/tuning_0.pdf）。该协议规定每个观察者都有责任做出贡献，让每个学生参与思考并提供反馈。

首先，教师提出以下问题：

> 看看你在观察这个讨论时记下的笔记。根据：（1）讨论的质量（讨论技能）；（2）讨论的内容（促进你对讨论主题理解的内容），为小组或个人找出一条正面的反馈。要具体一点。

经过一分钟的反思，教师叫起一个学生开始说一句正面反馈。围绕圆圈快速循环，每个学生都贡献出一条反馈。教师提示："现在想一下我们这

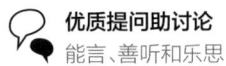

优质提问助讨论
能言、善听和乐思

次的讨论和下一次可能的改进方法。这次,我希望外圈的每个人都能做出贡献,用一句话说出来。"这一次教师选择一个不同的学生作为开始,在征求内圈的意见之前,在外圈快速地完成了循环。

当人们提供反馈时,往往会想到"改进的方法",而不是"你做得好的地方"。然而,由于该协议始于正面或"热情的"反馈,学生更容易接受后面"冷静的"反映了改进方法的反馈。使用这样的协议也可以确保公平参与:每个学生都进行发言,并且仅限于一个句子。

提问练习

在第一章中详细介绍的四种提问实践对于学生自主讨论都至关重要:(1)一个引人入胜的,能引起学生兴趣并能引发不同观点的问题有助于讨论的展开。(2)回答问题的公平性很重要,因为只有通过谈话,学生才能理清自己的思路。如果有些人不说话,他们也许是在思考,但可能不如大声思考的同学深刻。(3)通过倾听、提出探究性问题、用沉默来思考的方式支持同伴的思考,使讨论成为"讨论",而不是一个接一个地背诵事实或问题。(4)关心他人、互相尊重、重视讨论过程的文化氛围有助于建立信任和支持学生的参与。

学生在与教师和同学一起时需要有安全感。必须一次又一次地示范、教导和实践如何尊重对方。只有这样,教师和学生才能在丰富的课堂讨论中获得智力、学术和情感上的回报。(Erdmann & Metzger, 2013, p.104)

第五章
学生自主讨论：让学生坐在驾驶室

在学生自主讨论中，最重要的提问实践是创建一个支持深度思考和尊重话语的课堂环境：一个安全的环境，在这里，学生可以舒适地表达自己的观点，并能在尊重对方的情况下提出反对，提出真实性问题和敢于冒险。当这种讨论每周进行一次或每月进行两次时，学生会对一起讨论的同学有责任感。他们期待有机会互相学习。他们对该团体的责任感激励他们为严谨的讨论做准备，仔细倾听，并将自己的想法与同学的想法进行比较。他们培养了一种深厚的情谊。他们信任他们的同学并在"团队"中一起成长。随着时间的推移，他们将合作树立和实现困难的目标。建立这种安全的环境，需要在信任、体贴和学术严谨的思想者与学习者团体内讨论的经验。

> **反思和连接**
>
> 1. 表5.1确定和描述了学生自主讨论的不同方法。你认为哪些对你的学生来说是"最合适的"？为什么？
>
> 2. 回顾本章中出现的教师的责任（见表5.3、5.4和5.5）。哪些对你来说最具挑战性？为什么？
>
> 3. 回顾本章中出现的学生的责任（见表5.3、5.4和5.5）。你认为哪些对学生来说最具挑战性？为什么？
>
> 4. 根据你过去使用学生自主讨论的经验，你可以采取哪些步骤与学生合作，使这种形式的讨论更上一层楼？

■ 第六章

为讨论而提问：
设计你自己的方案

你将如何策划为了讨论的提问以支持学生的学习？

高质量的提问和有纪律的讨论在每个课堂看起来和听起来都不太一样。不过在这两种实践蓬勃发展的地方，教师和学生都在共同努力，建立支持学生学习、认知以及（或许是最重要的）社交能力的交互模式。出现的这一模式反映了教师和组成课堂团体的学生个体的特点。提问和讨论都是可以不断变化的流程，我们也希望是能够不断改进的。

本书提供了一些教师可以用来创建设计的资源，这些设计建立在他们自己和他们学生的优势之上并体现出对学生适当的期望。在接近尾声时，我们邀请你反思我们所介绍的框架，并考虑是否、为什么、如何以及何时在你的设计中应用这些框架。这些都是我们希望你在决定如何更好地让学生参与深入而有意义的学习时能够使用的工具。

第六章
为讨论而提问：设计你自己的方案

三种讨论的模式：决定何时使用何种

根据教学目的、教师专业知识和学生的发展水平，讨论可以在多种场合或领域进行。在第三、四、五章中，我们分别介绍了三种形式的讨论——教师指导的讨论、结构化小组讨论和学生自主讨论。在你计划讨论时，你可以将它们作为三种选择。你的选择应随着学生对所选话题的了解程度、学生的技能水平和教学目的而变化。

教师最初是学生提问和讨论的组织者。从教师指导的讨论开始，我们创建了一种与我们的学生的发展水平、领域或纪律的需求相匹配的"乐谱"。我们示范素养和行为，并为学生提供机会来实践社交、认知和知识运用技能，从而产生有纪律和有意义的讨论。我们努力让所有的声音都参与进来，即使知道这将导致和谐与不和谐。在这种情况下，教师不仅通过做示范扮演主要角色，还为陈述、战略性问题和其他支持性策略搭建支架。在这种情况下，我们可以停下来指导个人和整个团队。

虽然人们会推测教师指导的讨论主要用于刚刚开始学习讨论的学生，但情况也不全是这样。当学生处于掌握内容的早期阶段时，教师指导也是一种首选形式。此时他们需要教师为知识搭建支架，也可以通过关注选定的讨论技能受益。事实上，我们认为不论是什么年级、领域、年龄段、发展水平以及学习阶段，教师指导的讨论都是课堂学习的主要力量。

结构化小组可以用来加强和延伸学生学习在教师指导的讨论中重点关注的技能和方法，同时让学生有机会深化与内容领域学习目标相关的知识。这个领域可以被看作是一个练习场地，学生可以按照教师创作的特定剧本来练习进行更流畅的讨论所需的技能。同样，教师通过选择适合教学目的的结构或协议来安排这些环节，并为学生正在使用的讨论技能搭建支架。这些协议支持思考和参与，使教师在必要时可以指导性地监督和干

优质提问助讨论
能言、善听和乐思

预,或在适合区别对待时,指导其中一个小组的讨论。再次强调,这种形式的讨论对于学生的学习总是有帮助的。在第四章中,我们强调了采用结构化小组讨论的不同教学目的,以及他们支持的具体讨论技能。这两者的变化都会影响特定课程选择协议。

如果把教师指导的讨论比作管弦乐队,那么学生自主讨论就是爵士乐队。当学生脱离教师指导和干预,探究某个话题或问题时,他们在投入对话时也在互相竞争,形成更广泛的知识库并加深个人的理解。本书中的论点是,学生们并不是天生就具备这种富有成效的讨论所需的技能。就像爵士乐队一样,学生需要学会彼此倾听,并以整体大于部分之和的方式做出回应。

参加教师指导的讨论和结构化小组讨论可以帮助学生为自主讨论这一形式做好准备。你可能想知道你的学生何时能准备好进行这种独立的谈话,以及他们需要对其他两种形式的讨论进行多长时间的练习。进行这种讨论的时机肯定是由教师来判断。然而,我们认为几乎所有的学生都可以有效地参与学生自主讨论。前提是,他们能有帮助他们理解自己的角色和责任的范例,能与他们的老师一起规划讨论的重点和规范,从而发展真正的主人翁精神。

在每个单元的学习中,教师可以有效地将这三种讨论形式结合起来。当你开始规划一个新的单元时,你可以从长远考虑,这些形式中的一种或多种会在哪些方面增加学习的价值,并为学生提供发展相关讨论技能的机会。我们可以想象在整个学习过程中有策略地使用教师指导的讨论和结构化小组讨论。学生自主讨论可能会少一些,但希望其频率至少足够让学生发展这种形式支持的独立性。通过融合这三种形式的讨论,我们可以为我们的学生设计使他们能够在真正掌握内容的同时发展讨论技能的经历。

第六章
为讨论而提问：设计你自己的方案

三组技能：为学生找到合适的组合

第二章提供了一整套讨论技能，我们将其分为三类：社交、认知和知识运用。总之，我们确定了 40 多项支持积极和富有成效的学生互动的技能。我们不会打算将所有技能都呈现给一个班的学生。这对教师和学生来说显然是难以承受的。我们抵制了建立技能范围和顺序的诱惑，因为我们相信这种工具的价值来自全体教职工的合作——实现全校的使用。我们的愿景是，教师将我们的技能纲要投入他们学校横跨各年级的技能教学连续体。

如果你的学校没有这样的教学连续体，教师个人如何选择最有利于特定班级学生的技能？我们提供以下方法供你考虑。如果可能的话，和其他与你共同承担教学任务的人一起完成这个过程。

◇ 回顾我们在第二章中所提供的技能（在附录 A 中进行了总结），根据你之前经验中对此年龄段/年级的学生的了解，反思你对学生的期望。之前的学生有哪些强项，使得你可能只需要为大多数学生巩固这些强项？你认为哪些是在大多数学生"最近发展区"（ZPD）之内的？你认为哪些是这个发展阶段的大多数学生所不能理解的？

◇ 选择对你所教授的学科或领域而言最关键的技能。如果你教授多个科目，请分别进行选择。

◇ 为前两项实践中出现的技能制定清单初稿，并让学生参与预评估。你可以开展一项简单的调查，让学生就每项技能为自己评分。此外，你可以在讨论过程中为班级记录，并查找使用特定技能的证据。与同事分享。

◇ 根据所选技能的数量和性质，按照"最容易实现"到"最具挑战性"

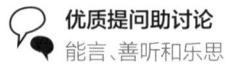

优质提问助讨论
能言、善听和乐思

的顺序排列。在计划任何一种已经确定的讨论形式时，将此作为资料。

如果我们要帮助学生更熟练地掌握讨论所需的技能，有意识和有策略的规划是必不可少的。这可以给你的学生带来很大的好处。

先前我们提出，发展讨论的技能既是一种手段，也是一种学习目的。当然，学生通过参与合作学习（社交技能）来扩展和加深他们对一门学科的理解，这种学习由有纪律的思考（认知技能）推动，并建立在坚实的知识基础（知识运用技能）之上。因此，讨论技能有助于目标内容的掌握。同样，随着学生提高他们的社交技能、认知技能、知识运用技能，他们正在培养他们作为终身学习者的能力，以及同样重要的，为我们民主社会培养有生产力的成员。当他们离开课堂后，我们就不会再跟随他们了。他们将独立工作。因此，我们相信为具有不同技能和能力水平的学生创造机会以提升他们的三类技能非常重要。而且，我们相信如果学生形成了强化和支持这些技能的素养，他们更有可能内化这些行为。

讨论的五个阶段：为成功而计划

这本书的主题之一是，优秀的讨论不会凭空出现。教师计划并编排它们，学生做好准备并将其内化。在第三章教师指导的讨论中，我们引入了一个思考和规划富有成效的讨论的循环。在让你思考结构化小组讨论（第四章）和学生自主讨论（第五章）时，我们提到了这个循环中的五个阶段。"准备"和"反思"是这个循环的两端，它们可以形成一个反馈循环，便于不断学习和改进讨论。通过将从反思中收集到的信息提供给后续讨论的准备工作，我们可以不断提高学生的熟练程度，以拓展他们的能力。通

第六章
为讨论而提问：设计你自己的方案

过将开场、维持和结束阶段纳入讨论循环，我们认识到在讨论过程中预测和规划可能发生的事情的重要性。虽然我们永远无法预测讨论的确切转折，但我们可以预测学生可能的行为和遇到的挑战，并为其做准备。

当使用五阶段讨论循环作为模板来设计结构化小组讨论和学生自主讨论时，我们可以更有意识地思考如何将讨论的责任和自主权转移给学生。如果我们有策略地让学生参与讨论的准备工作，我们可以期待他们更加真诚地参与并对结果负责。我们鼓励你与年龄较大的学生分享这个循环，并与他们讨论如何为成功的讨论做出贡献。将讨论过程对学生透明化，可能会使学生在校内外进行讨论时，变得更用心和具有元认知能力。

四种优质提问的实践：将询问作为工具

优质提问和富有成效的讨论联系非常紧密，很难将两者分开。在第一章中，我们强调了对富有成效的讨论必不可少的优质提问的四个组成部分：构建优质焦点问题，促进公平参与，为学生回应提供支架以加深思考，以及创造适合深度讨论的文化。这四个部分在随后的章节中都有着重论述。

在我们早期与教师一起工作时，我们把注意力集中在发展这四个领域的教学实践（Walsh & Sattes，2005）上；近些年来，我们强调了教师与学生合作发展提问技能的重要性（Walsh & Sattes，2011）。只有当教师和学生建立真正的伙伴关系，且学生掌握了优质提问的这些组成部分时，富有成效的讨论才能取得结果。

考虑当你提出一个用于讨论的焦点问题时，吸引学生参与的方法。首先，确定一个与学生相关和存在潜在重要性的核心问题或话题。询问学生有关核心概念的兴趣或困惑，并利用他们的意见来确定讨论问题的焦点，

优质提问助讨论
能言、善听和乐思

或者邀请学生帮助构建讨论的问题。学生可以成为课程设计团队中重要的成员。理想情况下,他们将成为学生自主讨论的总设计师。

讨论问题的质量会影响学生的兴趣水平和对即将到来的对话的自主程度。然而,即使是一个非常吸引人的问题,也难以靠其本身就打破长期形成的课堂参与模式。学生必须真正相信,一个问题是为讨论而开放的,而不是教师对某个话题或问题的看法的提示。作为教师,我们必须有意识并坚持不懈地向学生传达我们的期望,即他们都能为加深对重要问题的理解做出贡献。此外,教师必须坚定地期望和促进所有学生的参与。一些合作技能和支持性倾向旨在提高学生促进公平参与的能力。当学生了解公平参与的原因和价值时,它可以发展成为一种课堂规范,帮助创建一种可以使讨论茁壮成长的文化。

支架,优质提问的第三部分,是本书中经常使用的一个词。在教师指导的教学中,我们研究了教师在构建学生知识和技能时可以使用的具体行为。这其中的许多行为作为学生参与讨论的技能出现在第二章中。当学生通过释义和复述、提出问题和在他人想法上构建观点时,学生自主讨论才能发挥作用。在这种情况下,他们运用优质提问实践来加深他们自己和他人的理解,提出重要问题,并探索新的领域。

只靠教师自己并不能创造出适合深度讨论的文化。文化产生于所有团体成员共同的准则和行为。然而,作为教师,我们可以为我们希望与学生共同创造的文化提出愿景。我们还可以确定与这些文化相关的规范和行为,并极其有意识地对这些行为进行示范。我们可以为学生提供例子和反例。我们可以在观察和指导个别学生时提供反馈。但归根结底,我们的学生自己必须表现出尊重彼此观点,尊重所有人的思考时间,显示出好奇心,坚持探索更深的含义,鼓励和支持彼此,以及用其他的各种方式来创造一种文化:欢迎真诚的、有礼貌的、有思想的对话,以及有质量的提问。

第六章
为讨论而提问：设计你自己的方案

最后一个问题：反思你的信念

最终决定讨论对你的学生是否有潜力的人是你。值得重申的是：富有成效的讨论不会凭空出现。它们的发生是因为教师认为讨论使学生能够更深入地思考内容并达到预期的社交和认知结果。它们的发生是因为教师相信他们付出的时间和努力是值得的，他们应该计划并花费课堂时间进行讨论，设计一个学习单元，将一种或多种形式的讨论有策略地融入学习循环。如果你相信讨论的价值，我们希望本书能够帮助你和你的学生编制这样的讨论：既能促进学术目标，又能为学生在民主社会中的生活做好准备。这样的挂毯一定会非常美丽。

附录A：

有纪律的讨论的相关技能

社交技能

发言技能

◇发言清楚而响亮，让每个人都能听见。

◇当讨论有空缺时说话，不用举手。

◇与同学交谈，和与老师交谈一样。

◇用完整的句子发言。

◇为讨论做出贡献，以便每个人都可以向你学习。

◇清楚地表达自己的想法。

◇充分地讲解，以便别人能清楚地理解你的想法。

◇解释以其他格式展示文本或信息的部分。

倾听技能

◇在一名同学停止发言之后沉默一会儿，想想他说了什么，并将自己的观点与发言者的观点相比较。

附录 A
有纪律的讨论的相关技能

◇ 提出问题,以便更好地理解发言者的观点。
◇ 在补充自己的想法之前等待一下,以确保发言者已经结束他的表达。
◇ 准确地解释另一个学生所说的内容。
◇ 看着发言的学生,并给出表示自己正在关注的非语言提示。

合作技能

◇ "参照"并阐述同学们的评论。
◇ 积极让未参与的同学参与进来。
◇ 非防御性地回答同学的问题。
◇ 对与自己不同的想法保持开放态度。
◇ 积极地理解有不同背景与观点的人,并与他们进行沟通。
◇ 以文明礼貌的方式表示异议。

认知技能

建立连接技能

◇ 识别自己和他人的想法的异同。
◇ 将先验知识(学术的和个人的)与讨论的主题联系起来。
◇ 提供理由和文本证据来支持自己的观点。
◇ 分析和评估不同来源的信息。

Questioning for Classroom Discussion
Purposeful Speaking, Engaged Listening, Deep Thinking

优质提问助讨论
能言、善听和乐思

提问技能

◇ 提出问题以澄清和更好地理解主题或文本的实质。

◇ 提出问题以确定发言者的假设。

◇ 提出问题以澄清论点或结论背后的思考或推理。

◇ 展示自己的假设并对其提问。

◇ 在好奇时问问题。

◇ 问"如果……会怎样"的问题,以促进思维的发散。

创造技能

◇ 从来自不同发言者的、能把谈话带向更深层次的想法中得出推论。

◇ 整合多个来源的信息以产生新的思考方式。

◇ 在听取同学的新解决方案或解释时暂时停止评价。

◇ 为构建协作解决方案做出贡献。

知识运用技能

一般 / 与所有知识领域相关

◇ 力求陈述事实的准确性。

◇ 引用信息来源。

◇ 评估信息来源的可信度。

◇ 将评论与讨论的主题或问题联系起来;不脱离话题。

附录 A
有纪律的讨论的相关技能

基于文本的知识

◇通过参考文本和相关研究或其他媒介（例如，视觉艺术品或音乐作品）来显示对讨论的认真准备。

◇引用文本或其他来源的具体证据。

◇将来自多个文本或来源的证据整合到自己的论证中。

◇使用学术词汇和学科话语。

先前的知识

◇从先前学习的学科领域获取相关信息。

◇从其他学科领域获取相关信息。

经验性知识

◇介绍来自学校外的相关信息。

◇反思并评价对于所讨论问题的个人信念或立场。

◇把当前的社会、经济或文化现象与讨论关注的学术内容联系在一起。

◇评估信息是否适合课堂。

附录 B：
规划富有成效的讨论的模板

I. 构建讨论的焦点问题

A. 问题或关键概念

1. 这与什么标准有关？

2. 这个问题是否需要多个角度或观点？

3. 学生是否具备思考这个问题所需的广度和深度？

4. 这个问题会以什么方式吸引学生？这个问题是否与学生的兴趣相关？为什么它似乎对学生来说很重要或者联系很密切？

B. 问题的措辞和结构

1. 这个问题包含哪些学术词汇？

2. 什么动词将激发所需的深度思考？

3. 设置情境的序言，比如开场白，能帮助集中和激发学生的思维吗？如果能的话，那会是什么样？

II. 选择讨论技能和素养

A. 社交技能。考虑你的学生当前在发言、倾听和合作思考方面的水平。如果你们班大多数学生还没有掌握这些基本的社交技能，那么这次讨论的主要焦点应该是社交技能。如果大多数学生已经掌握了核心社交技能，那么选择其中的三种（以及其他类别中的目标技能）进行复习和强化。

1.
2.
3.

B. 认知技能。查看焦点问题以帮助你决定将哪些认知技能作为目标。考虑：（1）焦点问题中的动词；（2）学生可能的反应。选择数量有限的认知技能，并准备好通过大声思考来做示范。

1.
2.
3.

C. 知识运用技能。查看焦点问题以帮助你决定将哪些知识运用技能作为目标。例如，焦点问题是否要求学生整合来自其他学科或校外的经验，或访问和评估多个来源的信息？

1.
2.

D. 素养。选择加强特定技能的素养。准备好帮助学生理解该素养与相关技能之间的联系。

1.
2.

Questioning for Classroom Discussion
Purposeful Speaking, Engaged Listening, Deep Thinking

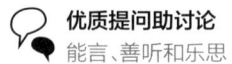
优质提问助讨论
能言、善听和乐思

学生讨论前的准备

A. 阅读文本或重要的资料。 基于文本的讨论通过为思考提供参考文献和提高观点的可靠性来支持学生聚焦于讨论的问题。

B. 独立研究与讨论相关的话题。 独立研究是预习的一种可行的形式，它为学生提供在线信息资源，有助于产生多种观点。当这成为为学生选择的准备模式时，一定的知识运用技能，比如"评估信息来源的可信度"，就显得非常关键。

C. 讨论前的写作任务。 写作任务帮助学生在为讨论做准备时理清他们的思路。

D. 学生提出与讨论主题相关的问题。 学生如果有时间提前思考这个话题，在讨论中就更容易提出问题。其中一个简单而有效的策略是在讨论前一天预习焦点问题，在家庭作业中让学生对主题真正感到好奇。

III. 激活和维持思考与发言的结构

A. 激活思维

1. 开发一个提示语。在教师指导的讨论中，提示语可能会吸引学生在讨论前进行反思性写作，从而聚焦于重点并产生想法，或与同伴进行对话来聚焦于他们的思想并获得他人的见解。有效的提示语能帮助学生发现话题与他们的生活的相关性。

2. 选择一个结构

◇ 在线平台。如：Schoology，Edmodo，Moodle。

◇ 两人一组作答。如:"思考 — 配对 — 分享""卡片交换"。

◇ 多人小组。如:"共同研讨""人形地图"。

B. 找回动力或焦点以及促进参与

1. 预测问题。预测在讨论中可能出现的需要教师干预的问题。针对你的学生和主题,考虑以下四种情况,以及任何你可以预料到的其他情况。

◇ 如果学生似乎失去了精力和热情,或者讨论似乎不再前进和深入,该怎么办?

◇ 如果学生不把重点放在讨论的问题上而继续偏离话题,该怎么办?

◇ 如果学生没有使用基于文本的证据或使用错误的信息来支持他们的立场,该怎么办?

◇ 如果大多数学生没有发言或参与,该怎么办?

2. 可能的干预措施

◇ 两人一组作答,如"思考 — 配对 — 分享"或"转身与交谈"。(准备好使用提示)

◇ 通过改变提出的开场问题来重新聚焦,这个问题是根据对焦点问题最初的思考所准备的。

◇ 为巩固个体的思考和写作提供时间,同时可以规定每个学生提出一个与目前讨论有关的问题。

IV. 组织问题

A. 讨论组的规模和配置

1. 全班

2. 鱼缸法(考虑因素:组成每个讨论小组的学生数量,小组/循环的数

量,小组的配置)

3. 由教师安排的小组(考虑因素:每个小组的组成,每个小组讨论的时间长度,在学生参与讨论前或讨论后的活动时给予学生的指示)

B. 平面图

1. 大圆圈

2. 内外圈

3. U 形布置

4. 其他

参考文献 References

Adler, M. J. (1985). *How to speak, how to listen.* New York: Macmillan.

Argyris, C. (1990). *Overcoming organizational defenses: Facilitating organizational learning.* Boston: Allyn & Bacon.

Applebee, A. N. (2003). *The language of literature.* New York: McDougal.

Block, P. (2011). *Flawless consulting: A guide to getting your expertise used* (3rd ed.). San Francisco: Jossey-Bass.

Boyd, M., & Galda, L. (2011). *Real talk in elementary classrooms: Effective oral language practice.* New York: Guilford.

Boyer, E. L. (1983). *High school: A report on secondary education in America.* New York: Joanna Cotler Books.

Bridges, D. (1979). *Education, democracy and discussion.* Windsor, UK: NFER Publishing.

Brookfield, S. D., & Preskill, S. (2005). *Discussion as a way of teaching: Tools and techniques for democratic classrooms* (2nd ed.). San Francisco: Jossey-Bass.

Brown, J., & Isaacs, D. (2005). *The world café: Shaping our futures through conversations that matter.* Oakland, CA: Berrett-Koehler.

Cartier, J. L., Smith, M. S., Stein, M. K., & Ross, D. K. (2013). *5 practices for orchestrating productive task-based discussions in science*. Reston, VA: National Council of Teachers of Mathematics.

Cazden, C. B. (2001). *Classroom discourse: The language of teaching and learning* (2nd ed.). Portsmouth, NH: Heinemann.

Conley, D. T. (2008). *College knowledge: What it really takes for students to succeed and what we can do to get them ready*. San Francisco: Jossey-Bass.

Copeland, M. (2005). *Socratic circles: Fostering critical and creative thinking in middle and high school*. Portland, MN: Stenhouse.

Costa, A. L., & Kallick, B. (2014). *Dispositions: Reframing teaching and learning*. Thousand Oaks, CA: Corwin.

Csikszentmihalyi, M. (1990). *Flow: The psychology of optimal experience*. New York: Harper & Row.

Danielson, C. (2013). *The framework for teaching evaluation instrument, 2013 edition*. Princeton, NJ: The Danielson Group.

Dillon, J. T. (1988). *Questioning and teaching: A manual of practice*. New York: Teachers College Press.

Dillon, J. T. (1994). *Using discussion in the classroom*. Buckingham, UK: Open University Press.

Donoahue, Z. (2001). Examination of the development of classroom community through class meetings. In G. Well (Ed.), *Action talk and text: Learning and teaching through inquiry* (pp. 25–40). New York: Teachers College Press.

Duckworth, E. (1981). *Understanding children's understandings*. Paper presented at the Ontario Institute for Studies in Education, Toronto, Canada.

参考文献

Erdmann, A., & Metzger, M. (2013). Discussion in practice: Sharing our learning curve. In J. Ippolito, J. F. Lawrence, & C. Zallar (Eds.), *Adolescent literacy in the era of the Common Core: From research into practice* (pp. 103–116). Cambridge, MA: Harvard Education Press.

Fisher, D., & Frey, N. (2008). *Content-area conversations: How to plan discussion-based lessons for diverse language learners.* Alexandria, VA: ASCD.

Fry, E. B., & Kress, J. E. (2006). *The reading teacher's book of lists: Grades K-12* (5th ed.). San Francisco: Jossey-Bass.

Goodlad, J. (1984). *A place called school.* New York: McGraw-Hill.

Graff, G. (2004). *Clueless in academe: How schooling obscures the life of the mind.* Hartford, CT: Yale University Press.

Green, J. (2002). *The green book of songs by subject: The thematic guide to popular music.* Nashville, TN: Professional Desk References.

Hale, A. S., & City, A. C. (2006). *The teacher's guide to leading student-centered discussions: Talking about texts in the classroom.* Thousand Oaks, CA: Corwin.

Hammond, W. D., & Nessel, D. D. (2011). *The comprehension experience: Engaging readers through effective inquiry and discussion.* Portsmouth, NH: Heinemann.

Haroutunian-Gordon, S. (2014). *Interpretive discussion: Engaging students in text-based conversations.* Cambridge, MA: Harvard Education Press.

Hess, D. (2011). Discussions that drive democracy. *Promoting Respectful Schools, 69* (1), 69–73.

Ho, A. D., & Kane, T. J. (2013). *The reliability of classroom observations by school personnel.* The MET Project. Seattle: Bill & Melinda Gates Foundation.

优质提问助讨论
能言、善听和乐思

Isaacson, W. (2014). *The innovators: How a group of hackers, geniuses and geeks created the digital revolution*. New York: Simon & Schuster.

Juzwik, M. M., Borsheim-Black, C., Caughlan, S., & Heintz, A. (2013). *Inspiring dialogue: Talking to learn in the English classroom*. New York: Teachers College Press.

Kamil, M. L., Borman, G. D., Dole, J., Kral, C. C., Salinger, T., & Torgesen, J. (2008). *Improving adolescent literacy: Effective classroom and intervention practices*. Washington, DC: Institute for Education Sciences.

McCann, T. M. (2014). *Transforming talk into text: Argument writing, inquiry, and discussion, grades 6-12*. New York: Teachers College Press.

Mehan, H. (1979). *Learning lessons: Social organization in the classroom*. Cambridge, MA: Harvard University Press.

Michener, C. J., & Ford-Connors, E. (2013). Research in discussion: Effective support for literacy, content, and academic achievement. In J. Ippolito, J. Lawrence, & C. Zaller (Eds.), *Adolescent literacy in the era of the common core: From research into practice* (pp. 85–102). Cambridge, MA: Harvard Education Press.

Murphy, P. K., Wilkinson, I. A. G., Soter, A. O., Hennessey, M. N., & Alexander, J. F. (2009). Examining the effects of classroom discussion on students' comprehension of text: A meta-analysis. *Journal of Educational Psychology, 101* (3), 740–764.

Nystrand, M. (1997). Dialogic instruction: When recitation becomes conversation. In M. Nystrand, with A. Gamoran, R. Kachur, & C. Prendergast, Eds., *Opening dialogue: Understanding the dynamics of language and learning in the English classroom* (pp. 1–29). New York: Teachers College Press.

Nystrand, M., with Gamoran, A., Kachur, R., & Prendergast, C., Eds. (1997). *Opening dialogue: Understanding the dynamics of language and learning in the English classroom.* New York: Teachers College Press.

Perkins, D. N. (2010). *Making learning whole: How seven principles of teaching can transform education.* San Francisco: Jossey-Bass.

Popham, W. J. (2013). *Evaluating America's teachers: Mission possible?* Thousand Oaks, CA: Corwin.

Ritchhart, R., Church, M., & Morrison, K. (2011). *Making thinking visible: How to promote engagement, understanding, and independence for all learners.* San Francisco: Jossey-Bass.

Rowe, M. B. (1986, January–February). Wait time: Slowing down may be a way of speeding up! *Journal of Teacher Education, 37* (1), 43–50.

Sartain, L., Stoelinga, S. R., & Brown, E. R. (2011). *Rethinking teacher evaluation in Chicago: Lessons learned from classroom observations, principal-teacher conferences, and district implementation.* Chicago: Consortium on Chicago School Research at the University of Chicago Urban Education Institute.

Sawyer, R. K. (2009). The new science of learning. In R. K. Sawyer (Ed.), *The Cambridge handbook of the learning sciences* (pp. 1–16). Cambridge, UK: Cambridge University Press.

Schmoker, M. (2011). *Focus: Elevating the essentials to radically improve student learning.* Alexandria, VA: ASCD.

Smith, M. S., & Stein, M. K. (2011). *5 practices for orchestrating productive mathematics discussions.* Reston, VA: National Council of Teachers of Mathematics.

Teachers of English to Speakers of Other Languages (TESOL). (2006).

优质提问助讨论
能言、善听和乐思

PreK–12 English language proficiency standards: Augmentation of the World-Class Design and Assessment (WIDA) consortium of English language proficiency standards. Alexandria, VA: Author.

Teaching Channel. (2012). *Socratic seminar: Supporting claims and counterclaims* [Online video]. Retrieved from https://www.teachingchannel.org/videos/using-socratic-seminars-in-classroom.

Teaching Channel. (2013a). *Socratic seminar: The "n-word"* [Online video]. Retrieved from https://www.teachingchannel.org/videos/teaching-the-n-word.

Teaching Channel. (2013b). *Socratic seminars: Patience and practice* [Online video]. Retrieved from https://www.teachingchannel.org/videos/bring-socratic-seminars-to-the-classroom.

Teaching Channel. (2014). *Inquiry-based discussion* [Online video]. Retrieved from https://www.teachingchannel.org/videos/inquiry-based-discussions-for-text.

Teaching Channel. (2015). *Formative assessment: Collaborative discussions* [Online video]. Retrieved from https://www.teachingchannel.org/videos/formative-assessment-example-ela-sbac.

Wagner, T. (2010). *The global achievement gap: Why even our best schools don't teach the new survival skills our children need—and what we can do about it.* New York: Basic Books.

Walsh, J. A., & Sattes, B. D. (2005). *Quality questioning: Research-based practice to engage every learner.* Thousand Oaks, CA: Corwin.

Walsh, J. A., & Sattes, B. D. (2011). *Thinking through quality questioning: Deepening student engagement.* Thousand Oaks, CA: Corwin.

Wells, G. (1993). Reevaluating the IRF sequence: A proposal for the articulation of theories of activity and discourse for the analysis of teaching and learning in the classroom. *Linguistics and Education, 5*, 1–37.

Wiliam, D. (2011). *Embedded formative assessment.* Bloomington, IN: Solution Tree.

学习指南
Study Guide

本学习指南旨在增强你对由杰姬·阿克里·沃尔什和贝丝·丹克特·萨特斯所撰写的 ASCD 书籍《优质提问助讨论：能言、善听和乐思》中的概念和实践性观点的理解。我们鼓励你在每章的学习中使用本学习指南。这些问题旨在帮助你将文字与你的职业情境和经验建立联系，并应用你所学的知识。你可以独自思考这些问题和任务，也可以考虑与同事结伴或与正在阅读本书的其他人组成学习小组。

你可以在阅读本书之前或之后，或在完成每章后使用学习指南。这里所提供的研究问题和任务并未涵盖本书的所有方面，而是要强调一些有关执行和讨论的具体观点。

绪论　提问以促进讨论的理由

1. 回想你与同伴一起就具体的学术内容展开深思熟虑和富有成效的讨论的经历。这些互动的哪些特征使它们令人难忘和有意义？根据你们共同的经验，为你希望学生参与的讨论构建一个愿景。

2. 人们普遍认为，我们应该更加重视课堂上的提问和讨论。思考有哪些具体的理由能证明花费时间和精力为富有成效的讨论做计划，以及培养有思考地参与需要的技能是值得的。

3.课堂观察员和研究人员得出的结论是，教师话语在大多数课堂中都占主导地位。学生讨论平均占课堂时间的比例不到5%。推测为什么教师只将这么少的时间用于课堂讨论。什么会鼓励你计划并为学生提供更多机会以参与有意义的讨论？

第一章　优质提问:深度讨论的核心

1.为讨论而提问和为背诵而提问看起来与听起来都会有所不同。表1.1和表1.2在哪些方面有助于你考虑这两种不同类型的提问？对于这两种情形，你和你的学生在哪一项中花费了更多的时间？哪些因素会对其产生影响？

2.四种优质提问的实践有助于吸引学生有目的地讨论：激发学生思考问题，使用思考时间，公平参与和为学生思考构建支架。你觉得这些实践中哪一个最具挑战性？为什么？

3.思考为富有成效的讨论提出的三类规范：问题的目的、思考时间和参与。你的学生目前遵守哪些规范？你的证据是什么？你认为哪些规范对你的学生来说最具挑战性？你为什么会这么想？

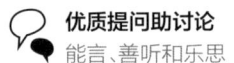
优质提问助讨论
能言、善听和乐思

第二章　富有成效的讨论的 DNA：社交、认知和知识运用技能以及相关的素养

1. 花两三分钟时间（独立而安静地）反思一下你对讨论——学生彼此之间以及与老师围绕学术内容相互交流——的想象。记下你脑海中出现的一些关键想法。

用一种或多种方式，将下列四种自然现象与你对富有成效的讨论的想法进行类比。分别完成下列填空：

富有成效的课堂讨论就像＿＿＿＿＿＿，因为＿＿＿＿＿＿。
（例如，"富有成效的课堂讨论就像亚利桑那州大峡谷，因为它随着时间的推移而演变。"）

与小组一起分享你针对每一项所写的句子和想法。最后决定四个例子中的哪一个最能代表你们共同对富有成效的讨论的看法。

◇亚利桑那州大峡谷
◇黄石公园老实泉
◇澳大利亚大堡礁
◇佛罗里达大沼泽地

2. 你对讨论的看法在多大程度上与所提供的定义相符？"讨论是一个过程，通过它，每个学生以有纪律的方式表达他们的想法。他们通过与他人互动来获得意义，并促进个人和集体对问题的理解。"

3. 作者认为大多数学生"走进教室时并不一定（具备进行富有成效的讨论的技能）"。根据你的经验，你是否同意这一假设？你的证据是什么？

哪些重要的讨论技能是许多学生都缺乏的？

4. 作者认为，学生需要四种能力来进行有纪律和富有成效的讨论：社交技能、认知技能、知识运用和素养。（见图 2.2）作为一个团体，选择这四种能力中的其中一种进行合作分析，并考虑其中的个人技能（见附录 A）或素养（见表 2.3）。考虑以下内容：

（1）考虑到学生的年龄/年级和你的领域，你认为哪项技能（或素养）对他们最重要？

（2）你的学生目前在何种程度上显示了你所选择的技能/素养？

（3）你如何有意识地提高学生的能力，使他们更熟练地使用你所选择的技能？

5. 查看表 2.1 和表 2.2。当你与学生合作开发他们的技能以进行富有成效的讨论时，你如何使用这两项资料？

第三章　教师指导的讨论：教师在讨论的五个阶段进行辅导

1. 查看图 3.1 中讨论的五个阶段。这个工具怎样支持你计划和促进课堂上的"有效讨论"？在规划和指导课堂讨论时，这个图会让你明白哪些你可能不会下意识就想到的内容？

2. 思考教师指导的讨论的六个挑战（见表 3.1）。你遇到过哪些挑战？你是怎么处理它们的？你想试试这个表和这一章中的哪些支架？

3. 回顾促进公平参与的策略。你是否使用过这些策略来管理垄断讨论的学生或鼓励害羞的学生？结果如何？你应该更频繁和更有目的性地使用哪些策略？

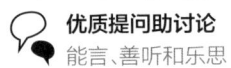

4.作为一个小组,选择本章中的一个视频(《教学频道》、"哲学椅子"模型和文本交谈时间),找出你想要进行小组讨论的且有可能迁移到你课堂中的策略。

第四章 结构化小组讨论:使用协议为讨论技能搭建支架

1.作者认为,有思想的小组互动结构可以为学生讨论技能的发展搭建支架。这一观点怎样扩充或改变了你对课堂讨论的看法?

2.谈谈你如何吸引你的学生参与讨论合作思考与学习的价值的对话。你可能会提出什么问题?你将如何鼓励学生承担提高他们的个人和集体讨论技能的责任?

3.小组结构既能提高学生的讨论技能,又能提高具体课程的教学目的。回顾表4.1中显示的五组技能,并确定一项对你的学生非常重要的技能——要记得他们的年级和当前的表现水平以及你教授的领域。确定与即将到来的课程相关的教学目标,然后浏览你选择的那项技能。你如何评估这种结构的有效性,以促进教学目标的达成和提高学生的技能?

第五章 学生自主讨论:让学生坐在驾驶室

1.与小组成员一起分享你在苏格拉底研讨会、派迪亚或其他类型的学生自主讨论中所获得的经验。使用这些形式的讨论最大的挑战是什么?给学生带来的最大好处是什么?

2.学生自主讨论要求教师放弃大部分控制权并将责任转移给学生。为什么很多老师觉得这很难?我们可以采取哪些措施来减少我们可能的顾虑?

3.观看苏格拉底研讨会的视频。你认为这四个指定的学生角色在实践中如何运作?其如何对社交、认知和知识运用这三类讨论技能做出贡献?

4.科学技术为学生参与有意义的讨论提供了许多可能性。你怎样利用科技让学生参与合作思考?在本章中,你对学生使用 Twitter 的反应是什么?

5.在所有形式的讨论中,如何维持学生参与都是最大的挑战。你如何使用表 5.5 来优化自己和学生在这方面的技能?

第六章 为讨论而提问:设计你自己的方案

1.重新审视本书中强调的三种形式的讨论:教师指导的讨论、结构化小组讨论和学生自主讨论。花点时间进行反思,并邀请小组成员确定他们希望更频繁和有意识地使用哪些形式。分享你选择的形式以及你选择的理由。谈谈在通过讨论提升学生学习的过程中你们可以如何互相帮助。

2.作者认为,学校教师合作发展跨年级的讨论技能教学连续体是有价值的。这种努力会带来什么好处?如果你认为这种努力是值得的,那么你该如何在你的学校(或地区)开始呢?

3.讨论过程的五个阶段是第三、四、五章的骨架。使用这个循环来思考和计划这三种形式的讨论有什么价值?思考使用这个循环为即将进行的课堂讨论做计划,并与小组成员分享它是如何进行的。

4.作者认为教师必须与学生合作,以确保优质提问被用于支持有意义和有目的的讨论。想一些实用的方法,吸引你的学生参与,并创造支持这种合作关系的文化。

译后记
Epilogue

在学习科学视野下，讨论是一种非常重要的学习方式，焦尔当在《学习的本质》一书中就提过，学习的意义炼制需要经历"发问—对质—表达—论辩—网化"这几个步骤；佐藤学也认为教师在课堂上无非做三件事，即"倾听—串联—反刍"，就是要不断地用提问和追问促进学生的思考，通过观点的碰撞和连接，形成学习共同体。因此如何引导学生讨论成为教师们普遍关心的话题，《优质提问助讨论》一书围绕着如何组织课堂讨论以及提问对其的促进作用而展开，对教师完善课堂讨论具有指导意义。

课堂讨论的时间到底够不够？提出的问题是要引出预期答案，还是推进学生的思考？开放性的问题如何设计？怎样才能引发学生讨论的兴趣？如何提升学生讨论的技能？如何组织讨论，让所有人都参与？等等。这些困惑都亟须获得解答。

本书中详尽地提供了一系列被证明行之有效的讨论模式，并附以相应的课堂实例帮助教师理解，让我们可以看到教师们在具体情境下，针对不同类型的问题，是如何引导学生的。本书也体现了从扶到放的思想，从教师指导的讨论到结构化小组讨论，再到学生自主讨论，教师的干预成分越来越少，而学生在其中的地位则越来越重要。希望本译著能对教师们有所启示，就课堂讨论问题产生新的理解和感悟，做到优质提问并且促进课堂的讨论。

　　本书的翻译分工如下：全书由刘徽和崔可心校对和统稿。致谢、作者简介及绪论由朱秋禹译，第一、二章由潘迪妮译，第三章由汪威译，第四、五章由朱秋禹和徐玲玲译，第六章及附录由朱秋禹译。

　　感谢盛群力教授做了大量的组织、策划和联络工作。感谢所有翻译者付出的努力。

刘徽

2022 年 10 月于浙大北园

新班级教学译丛

盛群力 主编

> "新班级教学译丛"选译当代国际前沿教学设计应用研究的重要作品,聚焦教学发展趋势,关注教学改革话题,贴近教师实际需要,助力教师专业发展,推动核心素养在课堂上真正落实,让新班级教学蔚然成风。

《简明生本学习策略》

◇ "以学为中心"是一种思维方式,一种教育范式
◇ "以学为中心"卓越课堂有一整套核心技术
◇ 国际知名教育与咨询专家乔治·M.雅各布斯等2016年作品

《成功智力教学:提高学生学习效能与成绩(第二版)》

◇ 先扬长避短,后扬长补短,这是最重要的育人观
◇ 在每节课中培养学生成功必需的分析性、创造性和实践性智力
◇ 国际顶尖教育心理学家罗伯特·J.斯腾伯格代表作品

《理解为先单元教学设计实例:教师专业发展工具书》

◇ 掌握知能、理解意义和实现迁移是学习的三重境界,须逐级进阶
◇ 理解为先教学(UbD)帮助教师在每堂课中落实学科核心素养
◇ 国际知名教育与咨询专家杰伊·麦克泰和格兰特·威金斯力作

《合作学习:实用技能、基本原则及常见问题》

◇ 帮助教师创建协同努力的高效能课堂
◇ 悦纳自我,欣赏同伴,终身发展
◇ 国际知名合作学习专家、教育咨询专家乔治·M.雅各布斯等力作

《如何编制和使用量规:面向形成性评估与评分》

◇ 学会编制等级赋分与质性描述相结合的量规
◇ 为教师提供了评估学生核心素养和高阶能力的有力工具
◇ 国际知名教育咨询专家苏珊·布鲁克哈特力作

《技术促进课堂有效教学(第二版)》

◇ 技术是推动课堂教学减负、提质、赋能的加速器
◇ 马扎诺有效教学模式的技术助力方案
◇ 国际知名教育技术专家霍华德·皮特勒等力作

《优质提问促思考:学生深度参与学习》

◇ 提供优质提问的实例和支撑框架
◇ 指导教师创建一个富有成效的互动课堂
◇ 国际知名教育咨询专家杰姬·阿克里·沃尔什等力作

更多教育图书即将出版,敬请期待!

宁波市鄞州区甬江大道 1 号宁波书城 8 号楼 617 室 宁波出版社学而书坊
咨询电话:0574-88396353
宁波市海曙区苍水街 79 号苍水大厦 518 室 宁波出版社发行中心
团购电话:0574-87242865

关注宁波出版社微信公众号　　进入宁波出版社微店
获取更多图书资讯　　　　　　购买更多教育好书

图书在版编目（CIP）数据

优质提问助讨论：能言、善听和乐思 /（美）杰姬·阿克里·沃尔什，（美）贝丝·丹克特·萨特斯著；朱秋禹，潘迪妮译. -- 宁波：宁波出版社，2023.8
（新班级教学译丛）
ISBN 978-7-5526-4692-4

Ⅰ.①优… Ⅱ.①杰… ②贝… ③朱… ④潘… Ⅲ.①讨论法 Ⅳ.① G426

中国版本图书馆 CIP 数据核字（2022）第 155708 号

Translated and published by Ningbo Publishing House with permission from ASCD. This translated work is based on **Questioning for Classroom Discussion: Purposeful Speaking, Engaged Listening, Deep Thinking** by Jackie Acree Walsh and Beth Dankert Sattes. © 2015 ASCD. All Rights Reserved.

ASCD is not affiliated with Ningbo Publishing House or responsible for the quality of this translated work.

本书简体中文版由 Association for Supervision and Curriculum Development Alexandria, Virginia USA 授权宁波出版社独家翻译出版。未经宁波出版社书面许可，不得以任何方式复制或抄袭本书内容。
版权所有，侵权必究
版权合同登记号：图字：11-2016-480 号

优质提问助讨论：能言、善听和乐思
YOUZHI TIWEN ZHU TAOLUN: NENGYAN SHANTING HE LESI
（美）杰姬·阿克里·沃尔什，（美）贝丝·丹克特·萨特斯 著；朱秋禹，潘迪妮 译

出版发行	宁波出版社
	（宁波市甬江大道 1 号宁波书城 8 号楼 6 楼　315040）
策划编辑	陈　静
责任编辑	张利萍
责任校对	秦梦嫄　陈　钰
印　　刷	宁波白云印刷有限公司
开　　本	787mm×1092mm　1/16
印　　张	14.5
字　　数	190 千
版次印次	2023 年 8 月第 1 版　2023 年 8 月第 1 次印刷
标准书号	ISBN 978-7-5526-4692-4
定　　价	59.00 元